계속하게 만드는
하루관리 습관

15 Secrets Successful People Know About Time Management
Copyright ⓒ 2015 by Kevin Kruse

No part of this book may be used of reproduced in any manner whatever without written permission except in the case of brief quotations embodied in critical articles or reviews.

Korean translation Copyright ⓒ 2016 by Frombooks Korean edition is published by arrangement with Kevin Kruse and The Kruse Group through BC Agency, Seoul.

이 책의 한국어 판 저작권은 BC 에이전시를 통한 저작권자와의 독점 계약으로 프롬북스에 있습니다. 저작권법에 의해 한국 내에서 보호를 받는 저작물이므로 무단전재와 복제를 금합니다.

계속하게 만드는
하루관리 습관

케빈 크루즈 지음 | **김태훈** 옮김

프롤로그

"면허증 제시하시죠!"

어둡고 추운 새벽 5시 20분. 회사로 가던 나는 뉴저지 1번 고속도로를 달리다가 경찰에게 제지당했다.

"왜 차를 세우라고 했는지 아십니까?"

나는 '왜 고함을 치는 거지?'라고 생각하며 갈라진 목소리로 "과속한 것 같네요"라고 말했다.

"한 것 같다구요?"

모자 챙이 차창에 닿을 만큼 고개를 숙인 경찰은 내 눈을 바라보며 "제 차 뒤에 바짝 붙어서 달리더니 앞질러 갔잖아요. 저는 저속차선을 시속 105킬로미터로 달리고 있었어요"라고 말했다.

차라리 일반 차량으로 위장한 경찰차였다면 좋았겠지만, 엄연히 지붕에 경광등을 단 흰색 대형 경찰차였다. 게다가 문에는 청색과 황색으로 '주 경찰'이라고 크게 적혀 있었다. 도무지 알 수 없는 일이었다. 뻔히 보이는 경찰차는 물론이거니와 어떤 차에도 따라붙은 기억이 없었다. 그러나 사실 나는 잠이 덜 깬 상태에서 일 생각에 빠져 시속 130킬로미터로 달리다가 시속 105킬로미터로 달리던 경찰차를 추월하고 만 것이다.

"죄송합니다. 정신이 나갔던 것 같아요."

"정신이 나갔다구요?"

"잠을 제대로 못 자서…"

체포되지 않아서 다행이었다. 교통사고로 사람을 다치게 하지 않아서 천만다행이었다. 20년 전 내가 젊고 멍청했던 시절의 사건이다. 당시 나는 미칠 듯이 바빠서 일하는 시간과 매 시간 일하는 양을 계속 늘려갔다. 새벽 5시에 집을 나서서 자정까지 일할 정도였다. 제대로 식사할 시간도 없었다. 아침은 차에서 커피와 빵으로 때웠고, 점심은 대부분 걸렀으며, 저녁은 선 채로 허겁지겁 해치웠다.

다이어트 레드불을 너무 많이 마셔서 거의 중독 상태였다. 술병이 알코올 중독자를 부르듯 레드불 캔이 나를 불렀다. 고속도로에서 정신이 나간 채 경찰차를 추월한 것은 명백히 최악의 행동이었지만 그 전에도 내게 경고하는 다른 징후들이 있었다. 차에 기름을 넣고 나서 주유기를 단 채 그냥 달린 적이 있었다. 폭발 사고가 나지 않은 게 기적이었다. 또한 아내는 "더 이상 당신과 말이 통하지 않네요. 마치 식물인간과 사는 느낌이네요"라고 말했다. 그녀는 이제 전처가 됐다.

시간을 관리하는 법을 전혀 몰랐던 것은 아니다. 시간 관리를 제시해주는 베스트셀러는 모두 읽었다. 매일 자기 전에 다음 날 할 일의 목록을 만들고 우선순위를 정했다. 목록이 너무 길어서 노트를 반으로 나눈 적도 있었다. 35줄에 줄마다 두 개의 할 일을 적었으니 총 70개나 됐던 셈이다. 지금도 그때를 돌아보면 오싹하고 창피하다.

다행히 나는 이제 다른 사람이 됐다. 나는 혼자 세 아이를 키운다. 매일 밤 숙제를 도와주고 대개 같이 저녁을 먹는다. 아이들이 참여하는 경기나 연주회에도 참석하고, 꾸준히 운동하면서 건강을 유지한다. 작은 컨설팅 회사를 운영하고, 1년에 두 권의 책을 집필하며 전 세계에서 강연을 한다. 이제는 휴가도 자주 간다. 작년만 해도 푸에르토리코, 칸쿤, 뉴저지에 갔고 뉴욕에서 여러 번 주말을 보냈다. 딸의 16세 생일을 맞아 바르셀로나와 마드리드를 관광했으며, 팜플로나 소몰이 축제를 구경했다. 나는 이 모든 일을 시간에 쫓겨 스트레스 받거나, 부담스러워 하거나, 죄책감을 느끼지 않고 해낸다. 미치게 바쁘다고 느낀 적이 없으며, 미칠 정도로 바쁘다고 주위에 자랑하고 싶은 마음도 없다. 부럽지 않은가?

늘 시간에 쫓겨서 스트레스를 받던 내 생활이 어떻게 바뀔 수 있었을까? 날마다 업무가 쌓여감에 따라 피로도 누적되어 힘든 하루를 보내고 있던 어느 날, 주변에 성공한 사람들이 여유롭게 일을 하는 모습이 눈에 들어왔다. 그들에게 주어진 시간도 나와 똑같은데, 그들은 어떻게 시간을 사용하고 하루를 관리하길래 여유로울 수 있을까?

나의 호기심은 곧 탐구로 바뀌었다. 나는 하루관리 습관과 생산성, 스트레스, 행복의 상관관계를 밝히고자 관련 자료들을 찾아서 읽고, 전문가들을 상대로 설문 조사도 시작했다. 또한 마크 큐번을 비롯한 억만장자들과 유명 기업가들, 섀넌 밀러 같은 올림픽 금메달 수상자들, 전국 성적 상위 1% 학생들 등 성공을 거둔 사람들도 인터뷰했다.

이를 통해 성공한 사람들은 과제 목록에서 우선순위를 정하거나, 로직 트리logic tree(맥킨지에서 개념화하고 구체화하여 처음 사용하기 시작한 도구로 나무처럼 길게 뿌리를 뻗어 논리적으로 사고하게 만든다.) 그림을 그려서 어떤 일을 먼저 시작해야 할지 결정을 내리지 않는다는 사실을 발견했다. 즉, 그들은 시간에 얽매이지 않았다. 오히려 시간을 통제할 줄 알았으며 시간에 대한 확고한 가치를 갖고 일과 인생의 우선순위를 정했다. 무엇보다도 그들은 오랫동안 지속할 수 있는 하루관리 습관을 갖고 있었다. 습관이란 그 어떤 일도 계속할 수 있게 만들어주는 힘이 있기 때문이다.

똑같은 방식으로 시간을 관리하는 사람은 없지만 공통적인 노하우는 있다. 이 책에서 소개하는 하루관리 습관과 시간을 관리하는 비법을 제대로 시도해보자. 단 하나의 비법으로 당신의 인생과 경력이 바뀌는 기적이 생길지도 모르지 않는가.

케빈 크루즈

계속하게 만드는
하루관리 습관
CONTENTS

01 하루 1,440분의 비밀　11

02 소중한 것을 먼저 하라　25

03 과제 목록의 일은 당장 급한 일에 밀린다　41

04 미루는 습관 버리기 연습　55

05 해야 할 일은 언제나 더 있다　71

06 리처드 브랜슨의 비밀 도구　85

07 시간을 두 배로 아껴주는 3210 이메일 관리법　101

08 업무의 절반을 줄여주는 혁신적 회의　113

09 오늘 거절하는 일이 내일 더 많은 시간을 만들어준다 · 129

10 강력한 파레토 법칙 · 147

11 일주일에 8시간을 아껴주는 '세 가지 질문' · 163

12 주제를 정해두면 내일로 일을 미루지 않는다 · 183

13 나중에 하지 말고 한 번에 끝내라 · 195

14 하루를 완성하는 아침 시간의 힘 · 207

15 활력이 답이다 · 223

16 행동하게 만드는 E-3C 체계 · 241

하루 1,440분의 비밀

1

어제는 역사다. 내일은 신비다. 오늘은 선물이다.
그래서 현재라고 부르는 것이다.
엘리노어 루즈벨트

기다리지 말라. 적절한 때는 결코 오지 않을 것이다.
나폴레온 힐

타인에게 낭비한 하루는 자신에게는 낭비가 아니다.
찰스 디킨스

한 시간을 낭비해도 된다고 생각하는 사람은 인생의 가치를 모른다.
찰스 다윈

멍청한 사람이 결국 하는 일을 현명한 사람은 한 번만 한다.
둘 다 같은 일을 하지만 시기가 다르다.
발타자르 그라시안

매일을 마지막 날처럼 살라.
마커스 아우렐리우스

모든 위대한 성과에는 시간이 필요하다.
마야 안젤루

인생을 바꾸는 마법의 숫자

한때는 "시간 있으세요?"라는 말만 들어도 등골이 오싹했다. 나는 사무실 문을 열어두는 것이 좋다고 믿었다. 결정권자이다 보니 세부 절차를 지나치게 따졌고 직원들이 자주 확인을 받도록 만들었다.

나는 창업한 지 얼마 지나지 않아서 금세 자리를 잡은 디지털 학습 기업의 창립자이자 대표였다. 매출은 해마다 두 배로 올랐고 채용, 영업, 제품 출시, 자금 마련처럼 그에 수반되는 문제들도 두 배로 늘어났다. 당장 꺼야 하는 불이 계속 생겨나면서 직원들이 사무실 문을 두드리며 "시간 있으세요?"라고 묻는 일도 빈번해졌다.

직원들이 조언을 구하거나 도움을 청하는 것은 전혀 잘못된 일이 아니었다. 그러나 1분이면 된다던 일이 불가피하게 30분 넘게 늘어지면서 나의 하루는 다른 사람의 시급한 문제를 해결하는 데 고스란히 소모됐다. 내게 시급한 일, 회사의 전략적 우선순위는 결코 끝나지 않는 '시급한' 일의 급류에 휩쓸려 가버렸다. 참다못한 나는 '1,440'이라고 크게 인쇄한 종이를 사무실 문에 붙였으며 '1,440'에 대한 어떤 부연 설명도 덧붙이지 않았다.

무엇을 하지 않을지부터 생각하라

나는 사무실에 들어설 때마다 크게 붙어 있는 '1,440'을 보고 시간의 소중함을 되새겼다. 째깍, 째깍, 째깍. 1분도 허투루 낭비할 수 없었다. 시간이 되는지 물어보러 사무실에 들른 직원들은 "'1,440'이 뭐예요?"라고 물었다. 나는 시간이 실로 소중하며, 매일 매분을 현명하게 '투자'해야 한다는 사실을 스스로 되새기는 수단이라고 설명했다.

원래 '1,440'은 나 자신에게 시간의 소중함을 일깨우기 위한 것이었는데 오히려 직원들이 나를 붙잡는 시간이 어느 순간부터 짧아지기 시작했다. 한 직원은 나의 설명을 듣더니 "생각해보니까 월요일 직원회의까지 기다릴 수 있을 것 같아요"라고 말했다.

초기에는 '1,440' 때문에 직원들이 겁을 먹은 듯했다. 아마 그들은 '사장님 기분이 안 좋은 것 같아.' '우리와 이야기하는 게 싫은가 봐.' '항상 사무실 문을 열어놓겠다면서 저런 걸로 부담감을 주다니, 위선적이야'라고 생각했을 것이다. 그래도 나는 종이를 떼지 않았고, 시간이 지나면서 혼란도 사라졌다. 곧 직원들은 "1,440분밖에 없어"라고 말하며 과제의 우선순위를 정하거나 중요치 않은 회의에 참석해달라는 요청을 거절하기 시작했다.

정신 건강을 유지하려면 반드시 자신을 위한 시간을 가져야 한다. 정신 건강이 성공과 밀접하게 연관되어 있다는 점은 말할 필요도 없다. 나를 지탱하는 것은 매일 점심시간에 하는 운동이다. 재충전을 통해 활력을 유지하려면 자신에게 맞는 방법을 찾아내고 시간을 정하기만 하면 된다. 맑은 정신이 성공의 열쇠다.

모함메드 듀지 미티엘그룹 대표

미국인들은 매달 TV 시청에 평균 158시간을 사용한다고 한다. 연간으로 치면 1,896시간이다. 그 시간이면 멋진 책을 쓰거나 사업을 시작할 수도 있다. 복근을 원하는가? TV를 보지 말고 운동을 하라. TV를 없애면 연간 거의 2,000시간이 생긴다. 그 시간에 얼마나 많은 일을 할 수 있을지 상상해보라!

데이비드 미어먼 스코트 마케팅 및 영업 전략가

다른 누구보다 15분 일찍 일어나고, 다른 누구보다 15분 일찍 출근하라. 매일 아침 가장 먼저 15분 동안 생각을 집중하면 삶의 모든 문제를 해결할 수 있다.

크레이그 밸런타인 터뷸런스트레이닝의 창안자

내일 더 많은 시간을 만드는 일에 오늘 시간을 투자한다는 자세를 가지면 시간을 크게 늘릴 수 있다.

로리 베이든 사우스웨스턴컨설팅 공동 창립자

3E, 즉 운동exercise과 학습education 그리고 깨달음enlightenment으로 하루를 시작하라. 5분이든 50분이든 운동은 하루를 활기차게 시작하도록 해준다. 그 다음 전문 분야와 관련된 내용을 읽거나 들으라. 그 다음 명상, 감사, 기도 또는 집중력과 목적의식을 부여하는 다른 수단을 통해 마음을 비우라. 이 일과는 희소한 시대에 풍요를 누리고, 억제된 시대에 창의력을 발휘하도록 해준다.

가렛 건더슨 컨설턴트

시간관리를 위한 스마트한 사람들의 사고법

당신이 시간 관리 방법을 개선하고 싶은 대다수 사람과 같다면 아마 생산성을 높이고 일할 수 있는 시간을 늘려줄 조언이나 도구, 시스템의 목록을 원할 것이다. 그러나 시간이나 생산성과 관련하여 가장 중요한 것은 전술이나 기법이 아니라 마음가짐이다.

자수성가 억만장자, 국가대표 선수, 전국 성적 상위 1% 학생, 그리고 다른 성공한 사람들은 시간을 생각하는 방식이 다르다. 그들은 시간을 다르게 경험한다.

삶에서 가장 중요한 것이 무엇인지 잠시 생각해보라. 읽던 책을 잠시 덮고 눈을 감은 후 소중한 대상들을 떠올려 보라. 정말로 그렇게 했는가? 그냥 건성으로 읽지 말라. 제대로 교훈을 얻으려면 노력을 기울여야 한다. 행동을 바꾸는 것은 어려우며, 수동적인 독서로는 불가능하다. 그러니 지금 하라!

좋다. 당신이 대다수 사람과 같다면 배우자, 자녀, 친구, 건강, 돈 그리고 물론 시간이 그 목록에 들어 있을 것이다. 크게 성공한 사람들도 비슷하다. 다만 그들은 시간을 가장 중요한 대상으로 꼽는다.

'건강이 제일 중요하지 않은가?' 건강은 잃었다가 되찾을 수 있다. '돈은?' 역시 전부 잃었어도 되찾을 수 있다. '친구는?' 친구는 중요하다. 그러나 연락이 끊어진 대학 동창들이 얼마나 되는가? 결혼식 이후 한 번도 못 본 하객들이 얼마나 되는가? 친구는 소중하지만 우리는 항상 친구들을 잃고 새로 만든다. 물론 배우자는 세상 전부나 마찬가지다. 그러나 결혼한 사람 중 50%는 이혼하며, 이혼자 중 다수는 갑자기 일생의 연인이 된 사람과 재혼한다. 그러나 시간은? 시간은 절대 잃었다가 되찾을 수 없다! 시간은 쓴 다음에 더 많이 벌 수 없다. 살 수도, 돈을 주고 빌릴 수도, 그냥 빌릴 수도 없다.

> **당신의 인생을 바꿀 수 있는 마법의 숫자, 1440**
> 당신도 나처럼 해보기를 권한다. 종이에 크게 '1440'이라고 쓰고 사무실 문, TV 밑, 컴퓨터 모니터 옆 등 어디든, 너무나 소중한 시간이 매일 한정돼 있다는 사실을 상기할 수 있는 곳에 붙여보자.

누구에게나 동일하게 주어지는 시간

시간은 모든 사람에게 평등하다는 고유성이 있다. 부유하게 태어나는 사람도 있고, 가난하게 태어나는 사람도 있다. 명문대를 졸업하는 사람도 있고, 고등학교를 중퇴하는 사람도 있다. 운동능력을 타고나는 사람도 있고, 장애를 안고 태어나는 사람도 있다. 그러나 우리는 모두 같은 시간을 살아간다. 시간은 누구에게나 동일하게 주어진다.

가슴에 손을 얹고 심장이 뛰는 것을 느껴보라. 콩닥 콩닥 뛰는 호흡을 느껴보라. 들이마시고 내쉬고, 들이마시고 내쉬라. 지난 맥박은 결코 돌이킬 수 없다. 지난 호흡은 결코 돌이킬 수 없다.

'그래, 그래, 시간은 중요해. 물론 그렇지. 그러니까 이 책을 읽고 있는 거 아냐. 이제 알았다고!' 라고 생각할 수도 있다. 그렇지만 그 생각대로 살고 있는가? 자신이 돈에 얼마나 많은 신경을 쓰는지 생각해보라. 돈을 벌려고 열심히 일하고, 계좌 잔고를 살피며, 큰돈 벌 수 있는 투자법을 공부하고, 재테크 정보를 얻고자 관련 도서들을 읽는다. 다른 사람이 돈을 훔쳐갈까 걱정되서 절대 지갑을 아무 데나 놔두지 않는다. 현금카드와 비밀번호를 모르는 사람에게 넘기지 않는다. 그런데 시간은 대부분 아주 사소하게 여긴다. 시간이 가장 소중한 자산인데도 다른 사람들이 쉽게 훔쳐가도록 내버려둔다.

왜 초가 아니라 분일까?

하루는 8만 6,400초다. 이 숫자가 더 강렬하게 다가온다면 '86,400'을 시간을 소중히 여기는 수단으로 삼아도 무방하다. 그러나 나의 경우 분에 초점을 맞추는 편이 더 효과적이다. 초는 금세 지나간다. 분은 다르다! 1분 동안 할 수 있는 온갖 일을 생각해보라.

다음은 나의 페이스북(www.facebook.com/KruseAuthor) 회원들이 1분 동안 할 수 있는 일들을 제시한 내용이다.

- 윗몸 일으키기 30회
- 사랑하는 사람에게 얼마나 사랑하는지 말하기
- 감사편지 쓰기
- 처음 만난 사람에게 자기 소개하기
- 시 읽기
- 멋진 아이디어 떠올리기
- 화분 물 주기
- 고양이 쓰다듬기
- 상처 받거나 상처 주기
- 노래하기
- 일기 쓰기
- 사과 먹기
- 물 마시기
- 생각하던 사람에게 문자 보내기
- 햇빛 쬐기
- 감사히 여기는 세 가지 일 쓰기

- 금연 결심하기
- 의견 제시하기
- 기부하기
- 사과하기
- 긍정적인 트윗 보내기
- 몽상하기
- 미소 짓기
- 추억이 될 사진 찍기
- 호흡 명상하기
- 엄마 포옹하기
- 입맞춤 나누기
- 행복한 순간을 떠올리기
- 기도하기

성공한 사람들은 시간의 흐름을 느낀다. 그들은 모든 순간이 지니는 잠재력을 안다. 아침에 일어났을 때 자신도 모르게 1440, 1439, 1438이라고 시간을 재기 시작하면 성공한 사람들의 하루관리 습관을 쉽게 받아들일 수 있다.

성공한 사람들이 지닌 커다란 차이점 중 하나는 절제하면서 좋은 습관을 갖는 것이다. 만약 비즈니스를 주제로 한 게임에서 어떤 캐릭터를 만든다고 할 때 10점의 능력치를 배분할 수 있다면 3점을 지능에, 7점을 자제심에 부여할 것이다.

앤드류 메이슨 디투어 공동 창립자

삶에는 오직 하나, 행동만 있다. 당신은 바로 지금 무슨 일을 하고 있으며, 그 일은 삶을 개선하는 데 어떻게 도움을 주는가? 당신은 다른 모든 사람들처럼 하루 24시간을 산다. 그 시간을 어떻게 나눠 쓰는가에 따라 당신이 남길 유산이 결정된다. 이 말이 지닌 미덕은 당신이 자신의 행동을 100% 통제할 수 있다는 사실을 알면 무슨 일이든 원하는 대로 할 수 있다는 것이다. 정말로 시간을 잘 관리하고 싶다면 행동으로 옮기라. 그러면 다른 모든 것이 저절로 이뤄질 것이다.

에릭 밴드홀쯔 비어드브랜드 창립자

부유하든 가난하든, 똑똑하든 멍청하든, 종교, 피부색, 신조, 성별이 무엇이든 우리 모두에게는 하루 24시간만 주어진다는 사실을 명심하라. 유일한 차이는 다시 오지 않는 시간을 쓰는 방식에 있다. 현명하게 쓰면 시간은 커다란 보상을 안긴다.

데지리 두브로 〈임파워드 우먼〉 제작자

하루관리 법칙
#1

하루 1,440분은
누구에게나 동일하게 주어진다.

소중한 것을 먼저 하라

2

우리가 실로 가진 것은 시간뿐이다.
아무것도 갖지 못한 사람에게도 시간은 있다.
발타자르 그라시안

내일의 모든 꽃은 오늘의 씨앗 속에 있다.
중국 속담

세상의 어떤 힘도 때를 만난 이상만큼 강하지 않다.
빅터 휴고

시간을 어떻게 쓰는지 신경 쓰라.
시계를 보는 일은 떠오르는 해를 보는 일과 다르다.
소피아 베드포드 피어스

시간이 원하는 일을 하도록 도와줄 것이라고 믿으라.
윌리엄 모리스 헌트

1분 늦기보다 3시간 이른 편이 낫다.
윌리엄 셰익스피어

시계를 자주 보는 사람은 결코 좋은 시간을 보내지 못하는 것처럼 보인다.
제임스 캐시 페니

인생의 유일 목표

1991년에 나온 코미디 영화 〈굿바이 뉴욕, 굿모닝 내 사랑 City Slickers〉에서 늙은 카우보이 컬리(잭 팰런스 분)는 미치(빌리 크리스털 분)에게 성공한 인생을 사는 비결을 알려준다. 그는 검지를 들며 인생의 유일 목표를 찾아서 고수해야 한다고 말한다. 사실 '유일 목표'라는 개념은 이 영화보다 훨씬 이전에 나왔다.

최우선 과제를 파악하라

미주리 세인트 루이스 대학의 테레즈 마칸 Therese Macan 교수는 시간 관리, 생산성, 스트레스에 관한 획기적인 연구를 통해 우선순위와 메커니즘(즉, 시간 관리 기법과 전술을 적용하는 메커니즘)이 가장 중요한 요소라는 사실을 발견했다. 간단히 말해서 무엇에 집중할 것인지와 어떻게 목표를 달성할지 아는 일이 가장 중요하다. 여기서 '무엇'은 내가 말하는 최우선 과제(MIT : Most Important Task)에 해당한다. 사람들은 대부분 건강, 재산, 인간관계에 대한 목표를 정한다. 때로는 영성靈性, 자선, 오락에 대한 목표를 세우는 사람들도 있다. 통념에 따르면 어떤 영역에 초점을 맞추든 구체적이고 측정 가능한 목표를 세워야 한다. 가령 그냥 '돈을 아낀다'가 아니라 '연말까지 5,000달러를 아낀다'라고 해야 한다. 또한 그냥 '체중을 줄인다'가 아니라 '10주 안에 5킬로그램을 뺀다'라고 해야 한다.

가장 중요한 목표를 파악한 다음에는 어떤 일을 해야 그것을 달성할 수 있을지 그리고 지금 어떤 일이 가장 중요한지 파악해야 한다. 다만 아직 목표를 파악하지 못했다면 설정에 연연하지 말아야 한다. 실제로 경영 코치인 피터 브레그먼 같은 전문가들은 목표 설정에 단점도 있다고 말한다. 대신 그는 초점 영역을 정하라고 권한다. 가령 나는 올해에 수동적 소득(노동의 대가로 버는 소득이 아니라 소유한 자산에서 나오는 형태의 소득)을 늘리고 싶다. 그러나 구체적인 액수를 정하지는 않았으며, 충분한 돈이 있기 때문에 딱히 정할 필요성도 느끼지 않는다.

수동적 소득을 늘리려면 책, 평가 도구, 온라인 훈련 같은 여러 소득원을 만들어야 한다. 그래서 "지금 목표에 다가서기 위한 MIT는 무엇인가"라는 질문에 대한 답은 이 책을 쓰는 것이다. 그 다음에는 부가 콘텐츠를 만들어야 한다. 그리고 판매할 상품들을 추가로 확보한 후 나의 '유일 목표'는 홍보를 위한 마케팅 자료나 웨비나^{webinar}(웹과 세미나의 합성어로 인터넷의 웹상에서 행해지는 세미나)를 만드는 일이 될 것이다. 다만 지금 나의 MIT는 이 책을 쓰는 것이다.

MIT는 직업이나 개인적 목표에 따라 크게 다를 것이다. 초년 영업사원의 MIT는 판매 목표를 달성하기 위해 콜드 콜$^{cold\,call}$(한쪽에서 일방적으로 연락하는 것으로 상대는 나를 모르는 상황에서 내가 도움이 필요해 자신을 어필하고 네트워킹을 시작하는 것)을 하는 것이 될 수 있다. 소프트웨어 엔지니어의 MIT는 출시 기한을 맞추기 위해 특정 모듈의 버그를 바로잡는 것일 수 있다. 소프트웨어 개발 임원의 MIT는 신규 앱을 개발하기 위해 프로그래머를 채용하는 것일 수 있다. 신생기업 대표의 MIT는 투자자를 끌어들이기 위해 회사 소개 자료를 만드는 것일 수 있다. 학생의 MIT는 시험 성적을 향상시키기 위해 과외교사를 찾는 것일 수 있다. 가장의 MIT는 여름휴가를 앞두고 주립 공원 캠프장을 예약하는 것일 수 있다.

이처럼 MIT를 정하면 일정을 세우기가 훨씬 쉬워진다. 가장 중요한 일에 시간을 들이지 않으려면 타당한 이유가 있어야 한다. 게임 회사 징가^{Zynga}는 한때 이용자가 2억 6,500만 명을 넘겼던 팜빌^{Farmville}로 유명하다. 징가 대표 마크 핀커스는 분명한 MIT를 갖고 있으며, 업무시간의 최소 절반을 거기에 할애해야 한다고 생각한다.

> **누구의 꿈을 좇고 있는가?**
> 당신 자신의 목표를 위해 애쓰고 있지 않다면 다른 사람의 목표를 위해 애쓰게 된다.

한 번에 두 가지 일을 하는 것은 아무것도 하지 않는 것과 같다.
푸블릴리우스 시루스

두 마리 토끼를 쫓다가는 둘 다 놓친다.
러시아 속담

가장 중요한 일이 덜 중요한 일로 지장을 받아서는 안 된다.
괴테

한 번에 오직 하나의 일에 집중하는 사람들이 이 세상을 발전시킨다.
오그 만디노

마음먹은 하나의 일을 밀어붙여라.
조지 패튼 장군

효율성은 일을 제대로 하는 데서 나오고, 유효성은 올바른 일을 하는 데서 나온다.
피터 드러커

성공하기 위해서는 단일한 목표가 있어야 한다.
빈스 롬바르디

아침 두 시간

MIT를 정한 다음에는 최대한 빨리 일정을 잡아야 한다. 듀크 대학의 심리학 및 행동경제학 교수인 댄 애리얼리Dan Ariely에 따르면 대부분의 경우 완전히 잠에서 깬 후부터 두 시간 동안 가장 생산성이 높아지고 인지 능력이 최고조에 이른다. 그는 한 매체에 다음과 같은 내용을 밝혔다.

> 시간 관리와 관련하여 사람들이 많이 저지르는 안타까운 실수는 가장 높은 생산성을 발휘할 수 있는 두 시간 동안 (소셜미디어 활동처럼) 인지 능력이 그다지 필요치 않은 일을 하는 경향이 강하다는 것이다. 이 소중한 시간을 살린다면 우리가 진정으로 원하는 성과를 거두는 데 큰 도움이 될 것이다.

내게 시간 관리 내지 생산성을 위한 최고의 비결은 아침 일찍 일어나 그날 해야 하는 일들의 목록을 만드는 것이다. 나는 거기에 그날 완수하고 싶은 모든 일을 기록한다. 그 다음 중요도에 따라 각 항목을 나열한다. 상단에는 다른 일들에 앞서서 해야 하는 일들이 배치된다. 이 작업은 하루를 시작하면서 가장 중요한 일들을 먼저 처리하는 데 도움을 준다.

지트 바너지 디지털 마케팅 컨설턴트

현실주의자가 돼야 한다. 우선순위를 정하고 그것을 고수해야 한다. 가족이나 친구와 보내는 시간은 유지하되 게임이나 TV 시청처럼 가치가 낮은 일들은 빨리 줄일 것을 권한다. 어려운 선택을 해야 할 때는 장기적인 관점에서 바라보라. 자신이 내린 선택에 죄책감을 느끼면서 시간을 낭비하지 말고 장기적인 성공으로 이끌 효과적인 타협이라고 생각하라. 또한 가능하면 이런 갈등을 피하도록 일과를 짤 것을 권한다. 가령 아침에 과제를 하면 저녁에 가족이나 동료와 시간을 보낼 수 있고, 미리 주말 계획을 세워두면 일주일 내내 일을 끝내야 한다는 의욕을 얻을 수 있다.

조슈아 아이크마이어 카네기 멜론 대학 테퍼 경영대학원 온라인 복합 과정 MBA 학생

일요일 저녁이 한 주의 열쇠다. 나는 자명종이나 다른 방해요소 없이 완수해야 하는 일에 집중한다. 나는 시간 대비 영향력(영향력은 사업의 바늘을 움직이는 정도, 시간은 필요한 노력의 수준을 뜻함)을 기준으로 우선순위를 정한다. 또한 제어할 수 있는 다음 걸림돌을 제거하는 데 집중한다.

브랜트 쿠퍼 무브더니들 창립자

밤에 잠자리에 들기 전에 내일 해야 하는 가장 중요한 과제 세 가지를 정하라. 다른 일도 할 수 있지만 이 과제들은 반드시 해야 한다. 하루 중 가장 생산성이 높은 시간을 파악하고 가능하다면 그 시간에 해당 과제를 하라. 과제를 진행할 때는 집중할 수 있도록 모든 방해요소를 없애라. 필요하다면 과제를 작은 단위로 나누고 타이머를 설정하여 30분에서 1시간 동안 일하라. 그 다음 휴식을 취한 후 다시 타이머를 맞추라. 그날의 핵심 과제를 완수할 때까지 이 과정을 반복하라.

배리 데이븐포트 라이브볼드앤드블름닷컴 창립자

우선순위를 정하라! 나는 항상 그날 끝내야 하는 중요한 일들을 우선순위로 삼는다. 가장 먼저 하는 일은 언제나 공부다. 그 다음은 글쓰기와 운동이며, 그 다음 친구들과 어울린다.
우선순위를 정하면 거의 언제나 일을 끝낼 수 있으며, 친구들과 보낼 수 있는 여유 시간도 만들 수 있다. 또한 나는 (5분 안에 끝낼 수 있는) 일이 있으면 미루지 않고 바로 처리한다. 그러면 나중에 해야 할 일들이 늘어나지 않는다.

니하르 수타르 코넬대 재학생

우리는 왜 이런 실수를 저지를까? 최고의 시간을 왜 중요치 않은 일에 허비할까? 많은 사람은 쉽고 빠르게 처리할 수 있는 일부터 시작한다. 간밤에 들어온 이메일에 답하거나, 우편물을 분류하거나, 주문서에 서명을 하는 일들 말이다. 이 모든 일을 해치우면 높은 생산성을 발휘했다는 기분이 든다. 그래서 '이제 겨우 오전 11시밖에 되지 않았는데 적어도 50가지 일을 마쳤어'라고 생각한다.

어떤 사람들은 성가신 일을 먼저 해버리라는 전략에 따라 가장 하기 싫은 일부터 한다. 일을 미루지 못하게 하려는 이 전략은 하기 싫은 일이 있으면 제일 먼저 해치우라고 권한다. 만약 일을 미루지 않게 된다면 좋은 조언이다. 그러나 최고의 시간을 계속 허비하게 된다면 생산성을 저해하기도 한다. 아침 시간에는 인지 능력이 최고조에 이를 뿐만 아니라 갑작스레 일정이 정해지거나 급히 살펴야 할 일이 생길 가능성도 적다.

사업을 키우는 데 도움이 되는 최우선순위에
일과의 첫 시간을 투자하라.
이메일이나 문자 같은 방해요소를 없애고
다른 사람들이 본격적으로 일하기 전에 마치라.

톰 지글러 지글러 대표

나는 전날 밤에 꼭 해야 하는 일들의 목록을 작성한다.
다음 날 출근하면 이메일을 확인하기 전에
이 일들부터 한다.

앤드류 매컬리 오토파일럿유어비즈니스 공동 창립자

나의 생산성 철학은 단순하다. 바로 중요한 일을 한다는 것이다. 사람들은 종일 사소한 일, 진정으로 중요한 일로부터 멀어지게 만드는 일들을 하면서 바쁘게 살아간다. 무엇이 문제일까? 중요한 일은 종종 두려움을 수반한다. 중요한 일은 우리를 익숙한 곳으로부터 밀어낸다. 그래서 사람들은 대부분 한사코 기피하려 든다. 그러나 진전에 따른 불편함을 이겨내고 중요한 일을 시작하면 우리의 삶이 바뀐다.

제이슨 그레이시아 엑스퍼트 에이전시 창립자

하루관리 법칙
#2

한 번에 하나의 일에
집중할 수 있는
최우선 과제를 파악하라.

당신의 최우선 과제가 무엇인지 적어보자.

나는 전날 밤에 꼭 해야 하는 일들의 목록을 작성한다.
다음날 출근하면 이메일을 확인하기 전에 이 일들부터 한다.

앤드류 매컬리

과제 목록의 일은 당장 급한 일에 밀린다

3

게으름을 피우지 않겠다고 결심하라.
어떤 시간도 헛되이 보내지 않는 사람은 시간이 없다고 불평할 일이 없다.
항상 일하면 놀랄 만큼 많은 성과를 이룰 수 있다.
토머스 제퍼슨

활동과 진전을 혼동하지 말라.
흔들 목마는 항상 움직이지만 조금도 나아가지 않는다.
알프레드 몬테퍼트

과거에 연연하지 말고, 미래를 몽상하지 말며, 현재에 마음을 집중하라.
부처

스케줄러에 속지 말라. 시간은 쓰기 나름이다.
1년 동안 일주일만큼의 일만 하는 사람도 있고,
일주일 동안 1년만큼의 일을 하는 사람도 있다.
찰스 리처즈

코끼리를 먹여야 할 때 개미나 밟고 다니지 말라.
피터 툴라

성과를 올리는 데 걸리는 시간 때문에 주저하지 말라.
시간은 어쨌든 흘러간다.
흘러가는 시간을 최대한 활용하는 편이 낫다.
얼 나이팅게일

빌 게이츠, 도널드 트럼프, 워렌 버핏이 긴 과제 목록을 적고 A1, A2, B1, B2, C1이라는 식으로 우선순위를 정할 것이라고 생각하는가? 스티브 잡스가 과제 목록을 두고 하루에도 몇 번씩 '다음에 할 일은 뭐지?'라고 확인했을까?

과제 목록의 문제점

과제 목록은 짜증스런 소원 목록으로 불려야 마땅하다. 언제 전부 할지 구체적인 계획 없이 그저 이루고 싶은 일들을 담은 목록 말이다. 며칠이나 몇 주 또는 몇 달 동안 목록에 남아 있는 과제들이 얼마나 많은가?

과제 목록의 첫 번째 문제점은 몇 분밖에 걸리지 않는 일과 몇 시간 넘게 걸리는 일을 구분하지 않는다는 것이다. 그래서 목록을 보고 '이제 무슨 일을 하지?'라고 생각할 때 가장 중요한 일이 아니라 빨리 해치울 수 있는 쉬운 일을 고를 가능성이 아주 높다.

같은 맥락에서 과제 목록의 두 번째 문제점은 중요한 일보다 시급한 일을 하기 쉽다는 것이다. 2년 전에 기록한 나의 과제 목록에 '2013년 가족 사진 앨범 만들기'가 아직도 남아 있는 이유가 여기에 있다. '대장 내시경 검사'를 과제 목록에 몇 년씩 올려두는 사람들이 얼마나 많은 줄 아는가?

세 번째 문제점은 불필요한 스트레스를 초래한다는 것이다. 아직 완수하지 못한 과제 목록을 들고 다니면 기억하는 데는 도움이 된다. 그러나 아직 처리할 일들이 많다는 사실을 계속 상기시키는 성가신 존재가 되기도 한다. 그러니 힘에 부치는 기분이 들 만도 하다. 밤에 지쳐서 침대에 쓰러지면서도 아직 하지 못한 일들이 생각나 잠을 설칠 만도 하다. 스트레스 때문에 건강을 해칠 만도 하다.

> 과제 목록에 오른 일 중 41%는 영원히 이뤄지지 않는다.

스케줄러에 따라 살아라

크게 성공한 사람들은 과제 목록이 아니라 잘 정리한 스케줄러를 갖고 있다. 이 책을 위해 조사하고 인터뷰한 모든 사람에게서 가장 일관되게 얻은 메시지는 무엇이든 진정으로 이루고 싶다면 시간을 정하라는 것이다.

엄청나게 바쁜 정치인, 임원, 연예인들이 일정 비서를 따로 두는 이유가 여기에 있다. 뽐내는 것처럼 들리지만 성공한 사람들이 "대리인들끼리 약속을 정하게 하죠"라고 말하는 이유가 여기에 있다.

과제 목록을 만드는 것이 아니라 스케줄러에 일정을 넣는 간단한 일이 놀랍게도 마음을 가볍게 만들고, 스트레스를 줄여주고, 인지 능력을 향상시킬 것이다. 플로리다주립대학교의 연구팀이 밝힌 바에 따르면 과제를 실제로 완수하지 않고 계획을 세우는 것만으로도 '자이가르닉 효과 Zeigarnik effect' (목표를 완수하지 못해서 아쉬움에 시달리는 현상)를 극복할 수 있다. 과제 목록이 아니라 스케줄러를 통해 하루관리를 할 때 몇 가지 주요 사항이 있다.

첫째, 중요한 모든 일에 일정한 시간을 할애하라. 이는 '시간 차단' 또는 '시간 확보'라 부른다. 건강을 위해 매일 30분씩 운동하기로 했다면 과제 목록이 아니라 스케줄러에 그 일정을 넣으라. 매일 반복되는 약속처럼 일정을 잡으라. 사업 전략의 일환으로 고객과 친밀한 관계를 맺기 위해 매일 적어도 두 명의 고객과 통화하는 것을 목표로 정한 경우도 마찬가지다.

둘째, 중요한 일은 최대한 앞에 넣으라. 시간과 일정을 아무리 관리하려 해도 신경 써야 하는 일이 갑자기 생길 수 있다. 상사가 보자고 하거나, 성난 고객이 전화하거나, 자녀가 아프거나 하는 일들 말이다. 일과가 많이 진행될수록 예기치 못한 일들이 일어날 가능성이 높아진다. 나도 이런 문제로 상당히 애를 먹는다. 운동 시간을 늦은 오후나 밤으로 잡으면 정작 그 시간에 다른 일에 더 신경 써야 한다고 느끼기 십상이다. 아침에 운동을 하지 않으면 아예 종일 하지 못할 가능성이 높다.

셋째, 할 일을 취소하지 말고 필요하다면 일정을 바꾸라. 가령 원래 매일 오후 12시부터 1시 사이에 운동을 하는데 그 시간에 출장을 가야 한다면 앞당기거나 늦출 수 있다.

넷째, 스케줄러에 적은 일정을 예약처럼 대하라. 그만큼 중요하다. 대다수 사람들은 너무 쉽게 일정을 취소한다. 오후 4시부터 5시까지 중요한 보고서를 작성하기로 정해놓고도 동료가 "잠깐 보여주고 싶은 게 있다"며 15분만 시간을 요청하면 반사적으로 수락해버린다. 보고서는 45분 만에 끝내든지 또는 15분 더 일하든지 아니면 다른 방식으로 시간을 조정한다는 생각으로 말이다. 그러나 그 시간에 보고서를 작성하는 것이 아니라 병원에 가기로 예약이 돼 있었다면 어떨까? 그래도 동료에게 시간을 내주고 15분 늦게 병원에 갈까? 아닐 것이다.

원래 일정과 상충하는 예기치 못한 요청이 들어오면 양해를 구하는 습관을 들이는 것이 좋다. 가령 "오후 4시부터 5시까지 중요한 일이 있으니 오후 5시 이후에 얘기하거나 내일 아침으로 미루자"고 말할 수 있다. 그러면 대개는 놀라울 만큼 쉽게 시간을 조정할 수 있다. 물론 상사나 배우자처럼 중요한 사람이 원래 일정보다 더 중요한 일로 시간을 요청하는 경우도 있다. 그래도 기본 대응법은 일단 다른 때로 조정하는 것이다.

스케줄러를 활용하여 15분 단위로 전체 일정을 짜라. 힘들어 보이지만 시간 관리 측면에서 상위 5%에 들도록 해줄 일이다. 스케줄러에 없으면 하지 말라. 스케줄러에 있으면 무슨 일이 있어도 완수하라. 약속뿐만 아니라 운동, 전화, 이메일 관리 등에도 이 방식을 활용하라.

조던 하빈저 아트 오브 참 공동 창립자

나는 할 일을 전부 일정에 넣는다. 그것이 전부다. 매일 하는 모든 일은 일정에 포함된다. 30분 동안 하는 소셜미디어 활동도 일정에 넣는다. 45분 동안 하는 이메일 관리도 일정에 넣는다. 원격 팀 회의도 일정에 넣는다. 숙고와 계획을 위한 조용한 시간도 일정에 넣는다. 결론적으로 일정에 없는 일은 하지 않는다.

크리스 더커 강연가

나는 훈련할 때 구체적인 일정을 세워서 가족과 보내는 시간, 자질구레한 일을 하는 시간, 공부하는 시간, 훈련하는 시간, 외부 활동을 하는 시간, 다른 해야 할 일을 위한 시간을 안배했다. 그러기 위해서는 우선순위를 정할 수밖에 없었다. 나는 지금도 거의 분 단위로 일정을 세운다. 매일 당신의 목표로 더 가까이 데려갈 일들에 집중하라. 매 순간이 중요하다!

섀넌 밀러 미국 체조 국가대표

스케줄러로 활용할 커다란 달력을 구하라. 휴대폰으로 일정을 관리해도 되지만 달력처럼 한눈에 들어오지 않는다.

월 딘 캐나다 조정 국가대표

내가 시간을 관리하는 가장 효율적인 방법은 스케줄러를 활용하는 것이다. 나는 거기에 매일 밤 공부해야 하는 주제와 시간을 적는다.

케이틀린 헤일 뉴저지 의대생

스케줄러에 없는 일은 하지 않는다. 반면 스케줄러에 있는 일은 무조건 완수한다. 나는 매일 15분 단위로 일정을 짜서 회의를 주재하거나, 자료를 검토하거나, 글을 쓰거나, 다른 필요한 일들을 한다. 또한 누구든 원하는 사람과 만나지만 일주일에 한 시간으로 제한한다.

데이브 커펜 라이커블미디어 공동 창립자

완충 시간 설정

제프 와이너Jeff Weiner 링크드인 대표가 블로그에 올린 글 중에서 다음과 같이 '아무것도 하지 않는' 시간을 설정하는 방법을 소개한다. 나의 스케줄러에는 회색으로 표시되어 있지만 아무 내용도 없는 시간들이 있다. 아웃룩이나 인쇄기에 문제가 있어서 그런 것이 아니다. 회색 부분은 '완충 시간' 또는 의도적으로 회의를 잡지 않는 시간을 가리킨다.

> 전체적으로 하루 90분에서 2시간 사이로(30분에서 90분 단위로) 완충 시간을 설정한다. 나는 연이은 회의로 가득 차서 주변 상황을 파악하거나 생각할 시간조차 없는 일정에 대응하기 위해 이 방식을 도입했다. 처음에는 완충 시간이 방만하게 느껴졌다. 그 시간에 뒤로 미뤘거나 거절한 회의를 할 수도 있기 때문이다. 그러나 시간이 지나면서 완충 시간이 중요할 뿐만 아니라 일하는 데 반드시 필요하다는 사실을 깨달았다.

이상적인 한 주의 설계

스케줄러를 강력한 생활의 지침으로 삼는 또 다른 방법은 이상적인 한 주를 설계하는 도구로 활용하는 것이다. 이상적인 한 주가 어떤 양상일지 상상해보라. 당신이 프리랜서나 컨설턴트 또는 코치라면 프로젝트를 진행할 시간뿐만 아니라 새로운 기술을 익히거나, 다른 사람의 작업을 보고 영감을 얻거나, 홍보활동을 펼칠 시간도 포함할 것이다. 당신이 중간 간부라면 팀원을 일대일로 가르치는 시간과 팀 회의를 진행하는 시간뿐만 아니라 혼자 전략적으로 미래를 구상하는 시간도 포함할 것이다. 어떤 일을 하든 이상적인 한 주 또는 하루는 운동하는 시간, 가족과 보내는 시간, 휴식을 취하는 시간, 취미활동을 하는 시간처럼 개인적인 시간도 포함할 것이다.

생활을 제대로 설계하려면 이 모든 일을 스케줄러에 기입하고 반복되는 일상으로 만들어야 한다. 그래야 가장 큰 소득과 기쁨을 얻는 일들을 꾸준하게 할 수 있다. 스케줄러에는 다음과 같이 자신이 중시하는 가치를 반영한다.

- 나는 건강을 중시한다. 그래서 매일 아침 60분씩 운동한다.
- 나는 팀원들을 가르치는 일을 중시한다. 그래서 한 주를 힘차게 시작하는 수단으로 월요일에 일대일 면담을 한다.
- 나는 화합과 협력을 중시한다. 그래서 주간 팀 회의를 연다.
- 나는 글 쓰는 일을 중시한다. 그래서 매주 2~3회 방해받지 않고 글 쓰는 시간을 가진다.
- 나는 아이들의 교육을 중시한다. 그래서 저녁을 먹은 후 숙제를 도와준다.
- 나는 재충전과 새로운 경험을 중시한다. 그래서 어디로 갈지 모르는 상태에서도 때로 1년 전에 미리 주말이나 일주일 전체를 휴가 기간으로 정해둔다.

요점은 과제 목록을 주된 시간 관리 도구로 활용하지 말아야 한다는 것이다. 과제 목록에 오른 일들은 당장 시급한 일들에 밀려서 계속 남을 수 있다. 해야 할 일들이 밀려 있는 상황은 스트레스를 초래한다.

> 과제 목록이 아닌 스케줄러를 활용하여 시간을 할당하는 습관을 기르면 주간 일정만 보고도 생활의 우선순위를 알 수 있다.

하루관리 법칙
#3

스케줄러에 없는 일은 하지 않는다.
그러나 스케줄러에 있는 일은
무조건 한다.

미루는 습관 버리기 연습

시간이 충분치 않다고 말하지 말라.
당신은 매일 헬렌 켈러, 파스퇴르, 미켈란젤로, 테레사 수녀,
레오나르도 다빈치, 토머스 제퍼슨, 아인슈타인과 같은 시간을 얻는다.
잭슨 브라운

10센트짜리 결정에 1달러어치의 시간을 쓰지 말라.
피터 툴라

삶을 사랑하는가? 그렇다면 시간을 낭비하지 말라.
인생은 시간으로 이뤄지기 때문이다.
벤저민 프랭클린

올바른 길에 있어도 가만히 앉아 있으면 차에 치인다.
윌 로저스

시간을 잘 관리하는 일만큼 유능한 임원을 두드러지게 만드는 것은 없다.
피터 드러커

시간과 세상은 가만히 멈춰 있지 않는다. 변화는 인생의 법칙이다.
과거나 현재만 바라보는 사람은 분명 미래를 놓친다.
존 케네디

시간을 얻는 것은 사랑과 거래 그리고 전쟁에서 모든 것을 얻는 것과 같다.
존 셰베어

문제는 게으름이 아니다

아이러니하게도 미루는 버릇을 다루는 내용을 쓰는 지금도 나는 일을 미루고 있다. 원래는 대형 에너지 기업에서 할 강연을 준비해야 한다. 그런데 대신 이 글을 쓰고 있다. 열의가 없어서 그런 것은 아니다. 3일 동안 3회 강연을 하는 대가로 5만 4,425달러나 받는 일이다. 따라서 기꺼이 그리고 열심히 달려들어야 마땅하다. 하지만 내게는 한나절 동안 구글 스칼라(학술검색 서비스)를 검색하고, 건조한 논문들을 읽고, 새로운 PT 자료를 만드는 일보다 책을 쓰는 일이 더 쉽고 즐겁다. 강연 준비는 내일 하면 되니까….

미루는 버릇은 쉽고 즐거운 일을 하면서 중요하고 덜 즐거운 일을 뒤로 넘기게 만든다. 이메일, 트위터, 페이스북, 음식, TV 같은 것들이 일을 미룰 좋은 핑계거리다. 드 폴 대학교 심리학과 조셉 페라리[Joseph Ferrari] 교수는 전미심리학회와 가진 인터뷰에서 다음과 같이 밝혔다.

> 우리는 모두 일을 미루는 버릇을 갖고 있습니다. 제가 조사한 바에 따르면 미국인 중 20%는 고질적으로 일을 미룹니다. 집, 직장, 학교, 대인관계에서 해야 할 일을 하지 않고 꾸물거립니다. 일을 미루는 것이 삶의 방식이 돼버린 것이죠. 20%라는 수치를 객관적으로 살펴봅시다. 이 수치는 널리 알려진 우울증이나 공포증에 걸린 사람들보다 많습니다.

미루는 버릇을 확실하게 물리치려면 우선 그 본질을 이해해야 한다. 게을러서 일을 미루는 것이 아니다. 일을 미루는 이유는 다음과 같다.

- 동기가 부족하다.
- 목표를 정하거나 과제 목록을 만들 때 미래에 느낄 감정에 대비하여 현재에 느끼는 감정이 지니는 힘을 과소평가하기 때문이다.

우리는 다양한 일들을 미룬다. 숙제를 미루고, 콜드 콜을 미루며 해고를 미루고, 청소를 미룬다. 나의 약점은 운동이다. 다른 영역에서는 일단 목표를 세우면 미루지 않고 실행에 옮기지만 운동은 사정이 다르다. 그러니 운동을 예로 들어서 미루는 버릇을 사라지게 만드는 방법을 알아보자.

미루는 습관 버리기 #1 미래의 자신을 극복하기

이는 중대한 문제다. 우리 모두가 안고 있는 문제점은 심리학자들이 말하는 소위 '시간 비일관성 time-inconsistent'이다. 가령 우리는 일주일 동안 샐러드를 먹으려고 채소를 사두지만, 결국 태반은 냉장고에서 썩히는 경우가 많다. 또 다른 예로는 넷플릭스에 올라온 다큐멘터리와 인디 영화를 나중에 보기 위해 목록에 넣어두지만 영원히 안 보는 경우가 많다. 당장은 계속 코미디 영화를 고르기 때문이다. 우리는 미래에 어떤 일을 하겠다고 생각하면서도 '현재 편향'에 사로잡힌다. 항상 그렇듯 현재가 실제로 닥치면 우리는 캔디, 시트콤, 페이스북, 고양이 영상을 고른다. 더 쉽고 재미있기 때문이다. 다른 일은 오후나 월요일에 하면 된다. 아예 내년 1월에 다시 결심하든가. 그렇지 않은가?

우리는 현재의 순간에 자제심을 발휘하기가 얼마나 어려운지를 과소평가한다. 이 문제를 극복하려면 미래의 자신, 현재의 순간에 우리를 방해하는 자신과 싸워야 한다. 미래의 자신은 자제심의 적이다. 내게 이 싸움은 미래의 자신을 물리치기 위한 시간여행과 같다. 가령 건강을 지키기 위한 목표를 이루지 못하도록 방해하는 미래의 자신을 이겨낼 방법은 다음과 같이 생각해볼 수 있다.

- 미래의 자신은 휴식 시간에 해로운 음식을 먹도록 유혹할 것이다. 나는 미래의 자신을 물리치기 위해 몸에 나쁜 음식을 모두 버리고 채소를 먹을 것이다.
- 미래의 자신은 너무 바빠서 운동할 시간이 없다고 유혹할 것이다. 나는 미래의 자신을 물리치기 위해 아침에 가장 먼저 운동 시간을 정하고 일어나자마자 운동복을 입을 것이다. 또한 운동을 마칠 때까지는 이메일을 확인하지 않을 것이다.
- 미래의 자신은 지금도 충분히 건강하고, 대다수 사람과 비교해도 몸매가 나쁘지 않으며, 혈압과 콜레스테롤 수치도 좋다고 유혹할 것이다. 나는 미래의 자신을 물리치기 위해 여자친구에게 운동을 하지 않은 날에는 옆구리살을 꼬집어달라고 요청할 것이다. 정말로 창피하고 기분 나쁠 테니까!

내 친구는 5분 후의 자신과 싸우기 위해 극단적인 조치를 취했다. 그녀는 건강을 위한 목표를 이루려고 식당에서 감자튀김이 나올 때마다 곧바로 소금을 엄청나게 뿌려버린다. 감자튀김을 먹지 않겠다는 의지만으로는 안 된다는 사실을 알기 때문이다. 그녀의 5분 후 자신은 "하나만 먹을 거야"라고 말한다. 그 이후는 어떻게 될지 안 봐도 뻔하다. 당신은 어떻게 미래의 자신과 싸울 것인가?

미루는 습관 버리기 #2 충분한 동기 갖기

아침에 빨리 일하고 싶어서 서둘러 일어나지 못하는 궁극적인 이유는 꿈이 크지 않기 때문이다. 충분한 동기가 없기 때문이다. 동기는 고통과 기쁨의 문제로 귀결된다. 항상 뒤로 미루는 힘든 일이 있다면 이면의 '이유'를 생각해보라.

'이 일을 하면 어떤 기쁨을 얻을까?'
'이 일을 하지 않으면 어떤 고통을 겪을까?'

내가 이루려는 한 가지 목표는 매일 운동하는 것이다. 요가를 하며, 기구를 들고, 러닝머신 위를 달리려면 머릿속으로 고통과 기쁨을 과장되게 그려야 한다. '왜 운동을 해야 하냐고? 보기 좋은 몸매를 유지하고 싶고, 복근을 만들고 싶으며, 활력을 얻고 싶을 뿐 아니라 심혈관 강화 운동은 뇌 건강에도 좋기' 때문이라는 식이다.

반면 운동을 하지 않으면 어떤 고통을 겪을까? 나는 배가 나온 뚱뚱한 몸매를 상상하고 요가를 하지 않으면 가끔 찾아오는 무릎 통증과 더불어 무기력한 상태로 게으른 패배자가 된 느낌을 생각한다. 심지어 운동을 하지 않는 것은 여자친구에 대한 예의가 아니라는 생각도 한다. 이런 정신적 훈련이 극단적으로 보이는가? 나는 동기를 얻지 못할 때 이처럼 고통과 기쁨을 생각하는 과정을 거친다. 이 과정을 꾸준히 거치기만 해도 머릿속에 각인하는 데 도움이 된다.

미루는 습관 버리기#3 파트너 만들기

나의 죽마고우는 스포츠 심리학자다. 그의 말에 따르면 같이 할 사람이 있는지가 운동을 계속할지 말해주는 최고의 예측 지표다. 파트너는 매일 아침 6시에 같이 조깅하는 이웃이 될 수도 있고, 시간당 50달러에 집으로 찾아와서 운동을 돕는 트레이너가 될 수도 있다. 점심시간에 농구를 즐기는 상사가 될 수도 있고, 매주 체중을 재는 체중 감량 모임의 회원이 될 수도 있으며, 정기적으로 운동하는지 확인해줄 친구가 될 수도 있다. 파트너를 두는 것이 효과적인 이유는, 혼자 하면 운동을 미뤄도 자신과의 약속만 깨는 것이지만 다른 사람과 한 약속을 깨면 마음이 훨씬 불편하기 때문이다.

미루는 습관 버리기#4 보상과 처벌

내가 아는 어떤 사람들은 뇌물에 아주 약하다. 자기가 자신에게 주는 뇌물에도 말이다! 한 친구는 신용카드 대금을 다 내야만 비싼 구두를 사기로 결심했다. 다른 친구는 아주 좋은 와인을 샀지만 체지방을 줄이기 전까지는 마시지 않기로 마음먹었다. 이런 '당근'에 더하여 채찍도 잊지 말아야 한다. 우리는 얻는 것보다 잃는 것을 더 두려워한다. 그래서 목표를 달성한 보상만큼 달성하지 못한 처벌도 효과적이다.

스틱StickK이라는 회사는 '약속 준수 서약'을 할 수 있는 사이트(http://www.stickk.com)를 만들었다. 이용자는 목표와 벌금 그리고 목표를 달성하지 못하면 벌금을 기부할 단체를 고를 수 있다. 현재 벌금으로 1,400만 달러가 넘는 돈이 모였다.

내 친구 존은 최근 동료들과 함께 공동 체중 감량 목표를 정했다. 진보적인 성향을 지닌 그들은 약속한 만큼 체중을 줄이지 못하면 각자 100달러를 전미총기협회에 기부해야 한다. 물론 특정 사이트를 쓰지 않아도 이 방법을 활용할 수 있다. 친구를 상대로 약속 준수 서약을 할 수 있다. 친구에게 100달러 또는 '주기 아까운' 금액을 주고 목표를 정하라. 당신이 목표를 달성하지 못하면 그 돈을 친구가 갖거나 기부할 수 있다.

미루는 습관 버리기 #5 자기 변신

미루지 않는 사람이 돼라. 바로 그것이다. 사실 이 방법은 약간 심오하다. 우리의 정체성과 관련 있기 때문이다. 우리는 자신이 생각하는 정체성을 지키기 위해 실로 열심히 노력한다. 과제를 회피하는 행동의 이면에 있는 문제들 대부분은 아직 우리가 원하는 사람이 되지 못했다는 것이다. 우리는 이상적인 미래의 상태를 그리지만 때로는 (소파에 앉아 TV를 보는) 현재의 상태가 훨씬 안락하다. 한 가지 이례적이지만 대단히 효과적인 방법은 이미 이상적인 자신이 된 것처럼 (머릿속으로 크게) 자신에게 말하는 것이다.

가령 '나는 몸에 좋은 음식을 먹는 사람이다', '나는 조깅을 꾸준히 하는 사람이다', '나는 영업 실적 1위를 달리는 사람이다', '나는 깔끔한 사람이다', '나는 베스트셀러 작가다', '나는 사업가다' 라는 식으로 말이다. 이 방법은 가치판단의 기준을 잡아주는 기능을 한다. 당신이 조깅을 꾸준히 하는 사람이라면 오늘 조깅을 하지 않는 것이 마음에 걸려 불편할 것이다. 당신이 작가라면 오늘 책상에 앉아서 글을 쓰는 것이 당연하게 느껴질 것이다. 그것이 작가가 하는 일이니까. 당신이 몸에 좋은 음식을 먹는 사람이라면 공항에서 피자 대신 샐러드를 먹을 것이다. 그저 당신이 되고 싶은 사람이 돼라. 그러면 미루고 싶은 일을 하지 않는 것이 부적절하고 기분 나쁘게 느껴질 것이다.

미루는 습관 버리기 #6 적절한 타협

때로 어떤 일을 시작하기는 쉽지만 끝내기를 미루는 경우가 있다. 이때 활용할 수 있는 한 가지 방법은 완벽하지 않은 선에서 타협한다는 계획을 세우는 것이다. 5킬로미터 달리기를 계속 미루는가? 그러면 일단 운동복을 입고 밖으로 나가 동네를 한 바퀴만 돌아보라. 그것만으로도 충분히 좋다. 언젠가 한 번쯤은 동네를 한 바퀴 돈 후에도 계속 달리게 될 것이다.

책을 끝내는 일을 계속 미루는가? 투박하더라도 일단 초고를 마치는 선에서 만족하라. 나중에 얼마든지 고칠 수 있다. 신제품 개발을 완료하는 일을 계속 미루는가? 완벽하지 않더라도 일단 출시한 다음 분기별로 최대한 완벽하게 다듬으라. 일단 일을 시작하고, 완벽하지 않아도 괜찮다고 생각하면 마무리할 수 있는 동기가 훨씬 강해진다.

시간을 관리할 수는 없다. 어떻게 해도 1분은 60초이고, 1시간은 60분이다. 이 사실은 바뀌지 않는다. 그러나 선택은 관리할 수 있다. 우선순위와 그것을 달성하기 위한 단계를 명확하게 선택하면 높은 생산성을 발휘하면서 시간을 보람 있게 쓸 수 있다.

나는 매일 그날 완수하고 싶은 세 가지 일을 확인하면서 하루를 시작한다. 반드시 해야 하는 모든 일은 미리 일정을 정해야 한다. 즉, 일주일을 시작하기 전부터 일할 시간을 확보해야 한다. 시급하고 중요한 문제가 아니면 회의나 다른 요소가 일정을 방해하도록 허용하지 말아야 한다.

설령 시급하고 중요한 문제라 해도 한숨 돌릴 시간이 날 때까지 뒤로 미룰 수 있을지 고려해야 한다. 또한 일주일에 적어도 세 번은 다음 날에 대해, 무엇을 먼저 할지, 해당 활동이나 과제를 어떻게 시작할지 생각하라. 그 내용을 적어두면 다음 날 어떻게 시작할지 고민하느라 시간을 낭비하지 않고 바로 뛰어들 수 있다. 그러면 약간의 추진력을 갖고 하루를 시작하게 된다.

루크 로리오 프로페셔널엑셀런스인코칭 대표

하루관리 법칙
#4

당신이 싫어하는 것을 매일 꾸준히 하라.

당신의 미루는 습관이 무엇인지 적어보자.

습관이란 인간으로 하여금 그 어떤 일도 할 수 있게 만들어준다.
도스토예프스키

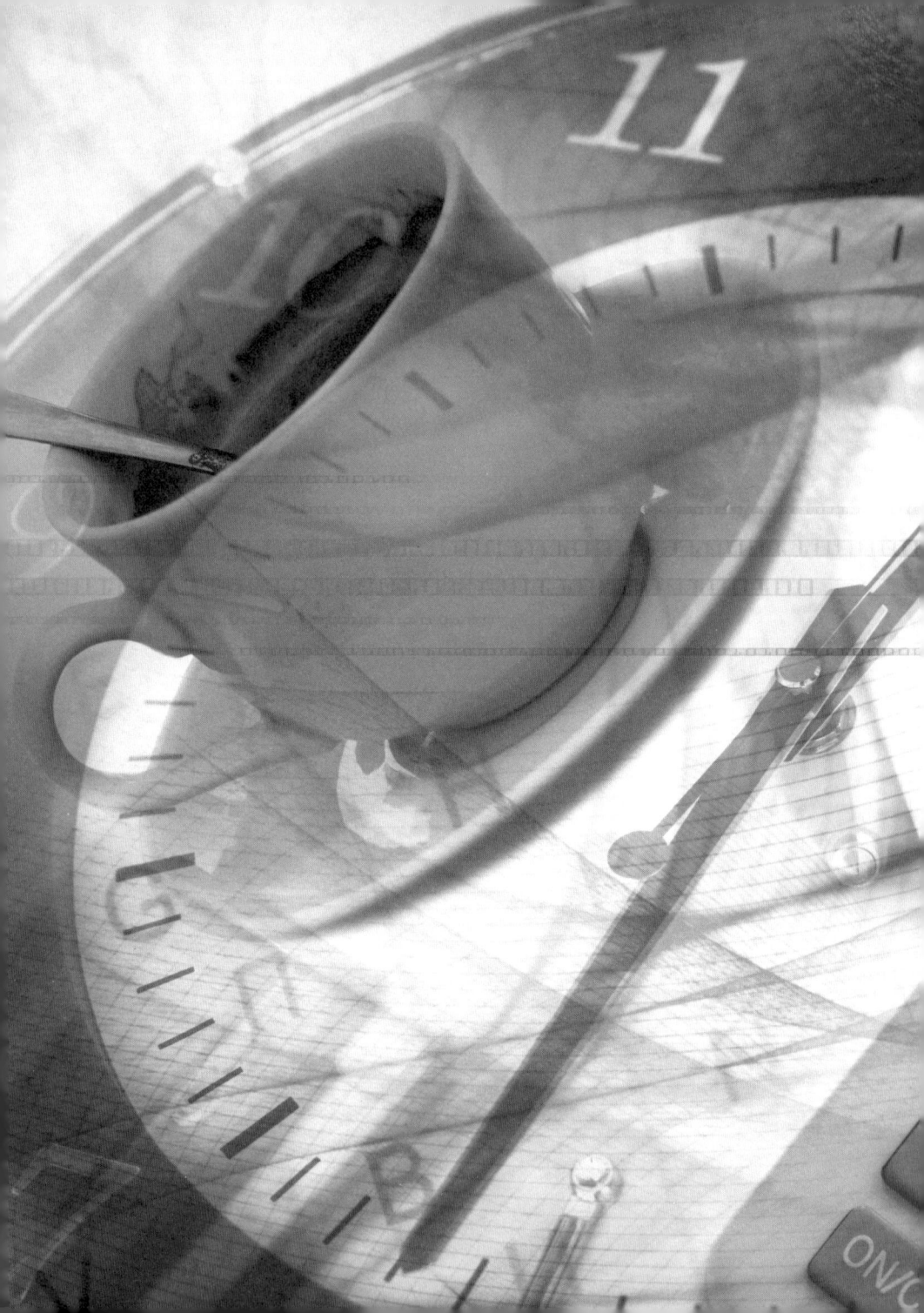

해야 할 일은
언제나 더 있다

5

인생의 절반은 아끼려고 서둘렀던 시간을 갖고 할 일을 찾는 데 쓰인다.
윌 로저스

이 편지를 평소보다 길게 쓴 이유는 짧게 쓸 시간이 부족하기 때문이다.
파스칼

때로 아무것도 하지 않는 사람은 내게 자유로운 사람으로 보이지 않는다.
키케로

지금까지 잘 살아온 사람은 오래 산다.
잘못 쓴 시간은 산 것이 아니라 잃어버린 것이다.
토머스 풀러

늦게 일어나는 사람은 종일 급하게 보낸다.
벤저민 프랭클린

시간을 얻는 사람은 모든 것을 얻는다.
벤저민 디즈랠리

가장 많이 아는 사람은 낭비한 시간을 가장 안타깝게 여긴다.
단테

세계에서 가장 중요한 역할을 하는 사람이 어떻게 항상 그토록 차분하고, 평온하며, 현재에 충실한 것처럼 보일 수 있을까? 공화당 소속 전략가인 칼 로브^{Karl Rove}는 〈월스트리트 저널〉에 다음과 같은 흥미로운 글을 실었다.

> 모든 일은 2005년 연말에 시작됐다. 부시 대통령은 내게 새해 결심을 물었다. 나는 습관을 지키지 못한 독서가로서 2006년에는 일주일에 한 권씩 책을 읽는 것이 목표라고 말했다. 3일 후 부시 대통령은 집무실에서 내게 "지금 두 권째 읽고 있네. 자네는 어떤가?"라고 물었다. 나의 새해 결심을 대결로 바꾼 것이다. 그 결과가 어땠을까?
>
> 연말에 나는 110권 대 95권으로 부시 대통령을 이겼다. 내가 받은 상패는 어린이 볼링 대회에서 주는 상패와 의심스러울 만큼 비슷했다. 부시 대통령은 글로벌 리더로서 너무나 바빴기 때문에 질 수밖에 없었다며 어설픈 핑계를 댔다. 그렇다 하더라도 글로벌 리더가 1년에 95권의 책을 읽었다면 믿을 수 있겠는가?

저녁이 있는 삶의 비밀

다음은 성공과 명성을 얻은 비즈니스 리더들이 지키는 하루관리 습관이다.

- 페이스북 COO인 셰릴 샌드버그는 매일 오후 5시 30분에 퇴근하여 6시에 아이들과 식사를 함께한다.
- 전 인텔 회장인 앤디 그로브는 항상 아침 8시에 출근하고 저녁 6시에 퇴근했다.
- 버진 그룹의 창립자인 리처드 브랜슨은 400여 개의 기업을 휘하에 두고 있지만 항상 자기가 소유한 섬에서 유유자적 시간을 보내거나 모험가로서 별난 세계 기록을 깨는 데 몰두하는 것처럼 보인다.

놀랍지 않은가? 어떻게 이런 일이 가능할까? 나는 부시 대통령에 대한 글을 처음 읽었을 때 충격을 받았다. 여러분도 알다시피 미국 대통령은 할 일이 100만 개나 된다. 그렇지 않은가? 끝없이 외국 정상들과 통화해야 하고, CIA 정보 보고서를 읽어야 하며, 후원자들을 관리해야 하고, 전투 중에 다친 군인들을 방문해야 하며 선거 유세 활동을 해야 한다. 그리고 임기가 끝날 때까지 시간은 계속 흘러간다. 즉, 업적을 쌓을 시간은 한정돼 있다는 말이다! 그런데도 부시 대통령은 1년에 95권의

책을 읽을 시간을 '찾아냈다.'

10년 동안 캠벨 수프의 대표를 지낸 더그 코넌트Doug Conant는 하루에 20통의 감사편지를 직접 썼다. 포춘 500대 기업의 대표가 해야 하는 온갖 일이 얼마나 많은지 상상할 수 있는가? 그들은 끝없이 이메일을 읽어야 하고, 걸려온 전화에 회신해야 하며, 보고서를 검토해야 하고, 회의에 참석해야 하며, 미래를 생각해야 한다. 그런데도 더그는 매일 20통의 감사편지를 쓰며 차분하게 하루를 마감했다.

나는 젊고 어리석던 시절에 대기업의 자회사를 운영했다. 회사는 해마다 두 배씩 성장했고, 하루도 시간이 충분한 날이 없었다. 가능한 한 빨리 사무실로 돌아가려고 말 그대로 복도를 달려가던 일들이 지금도 생각난다. 반면 사업 파트너이자 상사이며 우리 회사뿐만 아니라 다른 11개의 사업부를 이끌던 닐은 항상 느긋했고, 농담이나 이야기를 즐겼으며, 골프장에서 많은 시간을 보냈다. 나는 '어떻게 골프를 칠 시간이 나지?'라고 생각했다.

해야 할 일은 할 수 있는 양보다 많다

앤디 그로브는 《고출력 경영High Output Management》에서 다음과 같이 비밀을 공개했다.

> 나는 일을 마쳤을 때가 아니라 피곤할 때 일과를 끝낸다. 일은 절대 끝나지 않는다. 주부의 일처럼 경영자의 일은 절대 끝나지 않는다. 항상 할 일이 있고, 해야 할 일이 있고, 할 수 있는 일이 있다.
>
> 그가 말한 비밀은 이것이다.
> "해야 할 일은 언제나 더 있고, 할 수 있는 양보다 많다."

이는 간단하지만 진정으로 받아들이면 삶을 바꿀 수 있는 또 다른 생각이다. 그로브가 쓴 책을 읽었을 때 머리를 한 대 얻어맞은 기분이었다. 나는 너무나 오랫동안 과제 목록에 이끌려 다녔다. 보고서를 만드느라 집에서 저녁을 못 먹는 일이 잦았다. 또한 운동을 전혀 하지 않았고, 툭하면 식사를 거른 뒤 패스트푸드로 급하게 한 끼를 해결했다. 나의 삶은 비즈니스에 매여 있었고 정신없이 일에 쫓기느라 숲을 보지 못하고 나무만 보았다.

성공을 이룬 사람들은 과제 목록에 오른 일들을 하나라도 더 해치우려고 늦도록 일하지 않는다. 그들은 우선순위를 숙고하고, 각 사안에 시간을 할당하며, 적당한 선에서 일과를 마친다.

부시 대통령이 일주일에 두 권의 책을 읽은 이유는 스트레스를 풀거나 지혜를 얻기 위한 목적일 수도 있고, 단지 흥미 때문일 수도 있다. 그는 학습과 재충전이 소중하다는 사실을 알았기에 '시급한' 일들에 밀려나도록 허용하지 않았다.

셰릴 샌드버그는 가족과 저녁을 먹는 시간을 소중하게 여겨서 일정으로 잡는다. 물론 그녀는 페이스북이 최대한 성공하기를 원한다. 그러나 그녀에게는 자녀들과 맺는 관계에서 '성공'하는 일이 더욱 중요하다. 리처드 브랜슨은 재미와 모험을 매우 중시하여 스케줄러에 반영한다. 또한 그는 영리하게도 모험을 통해 버진이라는 브랜드를 구축한다.

모두를 위해 모든 일을 할 필요가 있을까?

《자투리 시간들 : 당신을 위한 시간 만들기 The Fringe Hours : Making Time for You》를 쓴 제시카 터너 Jessica Turner는 2,000명이 넘는 여성을 대상으로 실시한 설문에서 여자로서 가장 힘든 일이 무엇인지 물었다. 그 결과 모두를 위해 모든 일을 하는 것이 가장 힘들다는 공통된 대답이 돌아왔다.

터너는 그 내용에 충분히 공감했다. 그녀는 책을 쓰는 일에 더하여 높은 인기를 끄는 맘 크리에이티브 Mom Creative(www.themomcreative.com) 블로그를 운영하고, 남편을 내조하고, 아직 6세가 안 된 세 명의 자녀를 키우며, 교우관계를 유지하기 위해 애쓰고 있다. 그녀의 설명에 따르면 이런 복합적인 역할은 해로울 수 있다.

여성이 지닌 '모두를 만족시키려는 성향'은 삶의 모든 영역에 해를 입힐 수 있다. 모성 본능을 타고난 사람들은 타인을 돕고 싶어한다. 그러나 때로 남을 돕는 행동이 애정을 쏟는 것이 아니라 단지 다른 사람을 즐겁게 해주려는 의도에서 나오기도 한다.

이 현상은 완벽주의와 밀접하게 관련된다. 다른 사람들의 인정을 토대로 자존감을 얻는 것은 위험하다. 많은 사람은 남자인 내가 터너의 책에 나오는 내용에 깊이 공감하는 데 놀란다. 아마 내가 혼자 아이를 키우고 가사를 돌보기 때문에 그런 것 같다. 이유가 무엇이든 나는 여전히 별로 중요치 않은 사소한 일에 너무 많은 시간을 들이고, 그 때문에 너무 많은 스트레스를 받는다.

근래에 자산관리자로부터 집으로 찾아와 자산 현황을 알려주겠다는 말을 들었다. 그만큼 나를 신경 쓴다는 뜻이니 고마운 일이었다. 그러나 그 말을 듣는 즉시 마음이 바빠졌다. '커피를 끓여둬야겠지?' '냉장고에 콜라가 있나?' '다이어트 콜라를 마신다고 하면 어쩌지?' '주방에서 이야기할 테니 청소를 해야겠어.' '고양이 알러지가 있는 건 아닐까?' …

사실 자산관리자가 집에 온다고 해서 이런 생각들을 하는 것은 말도

안 된다. 거기에는 다음과 같은 여러 이유들이 있다.

1. 그는 나를 위해 일한다. 내가 보수를 지급하는 한 계속 나를 위해 일할 것이다.
2. 그는 자산 관리를 비롯하여 주방의 청결도보다 훨씬 중요한 일들을 안다.
3. 그는 남자로서 같은 남자인 내가 집을 너무나 깨끗하게 유지한다는 사실을 알면 놀랄 것이다!
4. 그는 나를 개인적으로 알며, 손님을 접대하는 기술이 아니라 가치관과 친절함을 토대로 나를 평가한다.

예의를 지키기 위해 집안을 깨끗하게 청소한 후 손님을 정성껏 대접하는 일과 완벽을 기해야 한다고 생각하는 일은 다르다. 30분 동안 손님 맞을 준비를 할 것이 아니라 그저 웃으며 "마실 것 좀 드릴까요?"라고 묻는 것으로도 충분하다. 터너는 책에서 이렇게 조언한다.

> 아무리 바빠도 사랑하는 일을 할 시간을 만들 수 있다. 단지 우선순위를 정하기만 하면 된다. 즉, 하루를 어떻게 보내는지 살펴서 소중하게 여기는 일에 시간을 할애하면 된다. 실로 중요한 일이 있다면 생활 속으로 맞춰 넣을 길을 찾을 것이다.

내게는 더 적은 시간을 들여서 더 많은 일을 하는 세 가지 핵심 비결이 있다. 첫째, 하루를 강하게 집중하는 시간과 덜 집중하는 시간으로 나눈다. 이메일 확인에는 집중력이 그다지 필요치 않다. 그래서 팟캐스트를 듣거나 간식을 먹으면서 할 수 있다. 반면 블로그에 올릴 글을 쓰거나 제품 출시를 위한 홍보 문구를 쓰는 일에는 집중력이 필요하다. 이런 일을 할 때는 방해요소를 전부 없애고, 창문을 닫은 후 헤드폰으로 명상 음악을 듣는다. 둘째는 명상이다. 최근에 시작한 명상은 집중하는 데 큰 도움이 되었다. 나는 생각이 많고 한눈을 쉽게 파는 편이다. 그러나 명상을 시작한 이후에는 오랫동안 집중할 수 있게 됐다. 셋째, 종일 모든 일에 시한을 정하고 일과를 마감하는 시간도 정한다. 시한이 정해져 있을 때 일이 더 잘되기 때문이다. 모든 일과는 오후 6시 전에 끝낸다는 식이다. 시간은 일과에 따라 변한다. 그래도 스스로 정한 시한은 빠르게 나아가는 데 도움이 된다. 나의 목표는 최대한 많은 일을, 최대한 잘하는 것이다. 그러나 95%만 제대로 해도 만족하고 다음 일로 넘어가며, 최고의 시간은 남은 일이 아니라 가족에게 할애한다.

매트 맥윌리엄스 매트맥윌리엄스컨설팅 창립자

매일 밤 적어도 한 시간은 나 자신을 위해 쓴다. TV를 보든, 운동을 하든, 이 시간은 긴장을 푸는 데 결정적 역할을 한다. 첫 의사 면허 시험을 위해 공부할 때 나만의 시간이 특히 중요했다. 매일 산책을 하거나 운동을 하는 시간을 갖지 않았다면 초반에 탈진하고 말았을 것이다. 학생으로서 생활의 모든 측면에서 성공하려면 이런 균형이 필요하다고 생각한다.

케이틀린 헤일 로완 정골 의대 3학년

더 많은 일을 하려는 욕구 버리기

모든 영역에는 언제나 해야 할 일이 더 있기 마련이다.

- 직장에는 언제나 해야 할 업무가 더 있다.
- 집안에는 언제나 청소해야 할 방과 정리해야 할 옷장이 더 있다
- 정원에는 언제나 해야 할 작업이 더 있다.

따라서 더 많은 일을 하려는 욕구를 버릴 줄 알아야 한다. 일에는 끝이 없기 때문이다. 그런 욕구를 버리면 운동할 시간을 내고, 적절한 시간에 퇴근하며 죄책감 없이 혼자 시간을 보내기가 더 쉬워진다.
언제나 해야 할 일이 더 있기 마련이므로 모든 일을 할 수는 없다는 사실을 받아들이면 마음이 얼마나 가벼워지겠는가.

하루관리 법칙
#5

일은 절대 끝나지 않는다.
항상 할 일이 있고,
해야 할 일이 있으며,
할 수 있는 일이 있다.

리처드 브랜슨의 비밀 도구

나는 과거를 생각지 않는다. 중요한 것은 영원한 현재뿐이다.
서머셋 몸

매분을 아낄 것을 권한다. 그러면 매시간은 저절로 아끼게 된다.
체스터필드 경

마감 직전의 시간이 없다면 많은 일이 끝나지 않을 것이다.
마이클 트레일러

시간을 잘 쓰고 싶다면 가장 중요한 일이 무엇인지 파악한 다음 전력을 기울이라.
리 아이아코카

현실에서는 어떤 일도 올바른 때에 올바른 곳에서 일어나지 않는다.
이를 바로잡는 것은 언론인과 역사가의 일이다.
마크 트웨인

사실 사람들은 마음먹기에 따라 시간을 만들 수 있다.
부족한 것은 시간이 아니라 의지다.
존 러벅 경

리처드 브랜슨의 메모

우리 시대의 가장 유명한 기업가 중 한 명인 리처드 브랜슨은 현재 400여 개의 기업을 거느린 버진 그룹의 창립자로 그의 재산은 48억 달러로 알려져 있다. 브랜슨은 항상 지니고 다니는 것이 무엇이냐는 질문을 받고 가장 중요하게 여기는 하나의 물건을 제시했다. 다음은 한 언론매체와의 인터뷰에서 그가 한 말이다.

> 이상하게 들릴지 모르지만 제게 가장 중요한 물건은 항상 뒷주머니에 넣어 다니는 작은 노트입니다. 여행을 다닐 때도 반드시 갖고 가죠…. 이 노트가 없었다면 버진 그룹을 지금처럼 키우지 못했을 겁니다.

위의 내용에 따르면 브랜슨이 노트를 가지고 다니는 이유는 '어떤 생각이 떠올라도 기록해두지 않으면 다음 날 아침에 잊어버리기' 때문이다. 한 번은 좋은 아이디어가 떠올랐는데 마침 노트가 없었던 적이 있었다. 그래서 그는 여권에 그 내용을 적었다고 한다.

백만 달러짜리 교훈

그리스의 선박왕 오나시스는 한 인터뷰에서 다음과 같이 '백만 달러짜리 교훈'을 제시했다.

> 항상 노트를 갖고 다니면서 모든 것을 기록하세요. 아이디어가 떠오르면 기록하세요. 처음 만난 사람에 대해 알게 된 모든 것을 기록하세요. 그러면 얼마나 많은 시간을 투자한 가치가 있는 사람인지 알 수 있죠. 흥미로운 이야기를 들었을 때도 기록하세요. 기록은 행동을 부릅니다. 기록하지 않으면 잊어버려요. 이것이 경영대학원에서는 가르치지 않는 백만 달러짜리 교훈입니다.

세 가지 보물

자수성가한 백만장자이자 전설적인 강연가인 짐 론Jim Rohn은 세 가지 보물에 대해 자주 언급했다.

첫 번째 보물은 사진이다. 사진을 많이 찍어두라.

두 번째 보물은 책이다. 당신이 읽은 책들은 당신을 가르치고, 긍정적인 방향으로 이끌며 이상을 지키도록 돕는다. 또한 당신만의 철학을 갖도록 도와준다.

세 번째 보물은 일기다. 당신이 거둬들인 생각들, 꼼꼼하게 수집한 정보들이 일기에 담긴다. 세 가지 보물 중에서 일기가 진지한 자세로 배움을 구하는 사람임을 말해주는 가장 큰 징표다.

> 진정으로 부유하고, 지성적이며, 건강하고, 영향력 있으며 고상하고, 개성적인 사람이 되고 싶다면 일기를 쓰라. 일기를 쓰는 일은 대단히 중요하다. 내가 보기에 일기는 우리가 후대에 남겨줄 세 가지 보물 중 하나다.

유명인사 20인의 노트

'남자다운 남자가 되는 법'이라는 블로그(http://www.artofmanliness.com/2010/09/13/the-pocket-notebooks-of-20-famous-men/)에는 마크 트웨인, 조지 패튼, 토머스 제퍼슨, 찰스 다윈, 조지 루카스, 헤밍웨이, 베토벤, 벤 프랭클린, 에디슨, 레오나르도 다빈치, 프랭크 카프라, 존 라커펠러를 비롯한 유명인사 20인의 노트를 보여주는 뛰어난 글이 있다.

이 노트들은 다양한 문체와 형식으로 작성됐지만 모두 이 위대한 사상가들이 관찰 내용이나 아이디어 또는 마크 트웨인의 경우 짓궂은 농담을 기록하는 수단을 반드시 지니고 다녔음을 보여준다.

어떤 노트가 가장 좋은가?

사람마다 맞는 노트가 따로 있다.

- 창의적인 작업을 하는 사람들은 몰스킨을 많이 쓴다. 나도 그렇다. 이 고급 가죽 장정 노트는 이탈리아에서 제작된다.
- 나는 오랫동안 비싸고 아주 둔해보이는 부럼 앤드 피즈Boorum & Pease 회계 장부를 즐겨 썼다. 양장본에 300쪽이나 돼서 오래 쓸 수 있고, 책장에서 두드러질 만큼 두꺼우며, 너무 커서 잃어버릴 일이 없다.
- 저술가이자 사업가인 제임스 앨투처는 10센트짜리 웨이터용 노트를 권한다. 크기가 완벽하고, 대화를 시작할 소재로 삼기 좋으며, 절약하는 사람임을 보여줄 수 있기 때문이다.

누구도 노란 리갈 패드나 메모지를 권하지 않는다는 점에 주목하라. 패드나 메모지는 잃어버리거나 손상되기 쉽다. 반면 노트는 오래 쓸 수 있도록 만들어진다.

나는 몰스킨 노트를 갖고 다니며 훈련 일지를 기록한다. 집에도 책장 가득 옛날 노트들을 보관해두고 있다. 언제든 지난 기록을 참고할 수 있기 때문이다.

사라 헨더샷 미국 조정 국가대표

나는 불릿 저널Bullet Journal로 모든 것을 정리한다. 그래서 아이디어와 생각 그리고 다른 중요한 사안들을 바로 확인할 수 있다. 다른 사람들에게도 일기 쓰기를 강력하게 권한다. 살 만한 가치가 있는 인생은 기록할 만한 가치도 있기 때문이다.

아너리 코더 저술가, 강연가

머리보다 손을 먼저 움직여라

노트에 기록하는 것이 노트북이나 태블릿 또는 스마트폰으로 기록하는 것보다 낫다. 지금부터 그 이유를 알아보자.

우선 난독증이나 다른 학습장애가 있어서 디지털 기기로만 입력할 수 있다면 그렇게 하라. 그게 잘못은 아니며, 그런 사람들에 대한 편견을 조장하는 것도 아니다. 그러나 단지 편해서 디지털 기기를 선호하며, 내가 시대에 뒤떨어졌다고 생각한다면 2014년에 〈심리학 Psychological Science〉에 실린 '펜은 키보드보다 강하다 The Pen Is Mightier Than the Keyboard'라는 흥미로운 논문을 권한다.

프린스턴 대학과 캘리포니아 대학 로스엔젤레스 캠퍼스의 심리학자인 팸 뮬러 Pam Mueller와 대니얼 오펜하이머 Daniel Oppenheimer는 327명의 학부생을 상대로 세 번의 실험을 했다. 한 실험에서 참가자들은 테드 강연을 보면서 내용을 기록한 다음 30분 후에 시험을 치렀다. 그 결과 사실과 관련된 문제에서는 노트북 사용자와 노트 사용자가 비슷한 점수를 올렸지만 개념과 관련된 문제에서는 노트북 사용자의 점수가 낮았다.

뮬러와 오펀하이머는 노트북 사용자가 핵심 개념을 정리하지 않고 강연 내용을 그대로 입력한다는 사실에 주목했다. 그래서 두 번째 실험에서는 노트북 사용자에게 나름의 방식으로 강연 내용을 정리하도록 요청했다. 그래도 결과는 마찬가지였다. 노트 사용자가 강연 내용을 더 잘 상기했다.

다만 노트북을 이용하여 정리하는 방법은 완전한 내용을 보존하는 데 도움이 된다. 그래서 나중에 다시 볼 때 유용하다. 다시 말해 공부할 원재료가 더 많이 확보된다. 뮬러와 오펀하이머는 이 점에 주목하여 세 번째 실험을 했다. 이 실험에서 참가자들은 일주일 동안 공부를 한 후 시험을 치렀다. 그런데도 역시 노트 사용자가 더 높은 점수를 받았다.

마지막 실험은 과거에 다른 연구에서 밝혀진 내용을 확증한다. 손으로 내용을 기록하는 행위는 적극적 청취와 인지적 처리, 그리고 기록을 위한 상기를 수반한다. 반면 노트북을 쓰면 머릿속으로 처리하는 과정 없이 기계적으로 내용만 입력하게 된다.

나의 노트 활용법

몰스킨 노트는 종류가 많다. 어떤 사람들은 색인이나 라벨까지 활용한다. 참고 대상이 필요하다면 케빈 크루즈의 '천재적인 몰스킨 노트 활용법'을 권한다. 나의 경우는 노트가 복잡할수록 활용할 가능성이 낮아서 최대한 단순하게 정리한다. 다음은 나의 노트 활용법이다.

1. 새 노트를 산다(최근 다시 몰스킨을 쓰고 있다). 손에 느껴지는 촉감이 좋지 않은가?
2. 파일럿 G2 볼펜을 산다. 저렴하고 필기감이 좋은 볼펜이다.
3. 혹시 회의실이나 비행기에 두고 나왔을 때 착한 사람이 돌려줄 수 있도록 명함을 앞표지 안에 넣어둔다. '이 노트를 발견하신 분은 전화나 이메일로 연락 주세요. 찾아주신 분께는 사례합니다'라고 적어둘 수도 있다.
4. 나중에 특정 회의나 행사에 대한 내용을 보고 싶을 때 빨리 찾을 수 있도록 속표지에 날짜를 적는다. 노트를 열지 않아도 볼 수 있도록 각 장의 가장자리에 시작 날짜를 적어둘 수도 있다.
5. 잊고 싶지 않은 모든 것을 기록한다. 쓰고 싶은 책, 만들고 싶은 회사나 제품, 마케팅 전술, 가족에게 줄 선물, 가고 싶은 휴가지나 식당, 좋은 와인, 자녀의 이름에 대한 아이디어 등 무엇이든 떠오르는 대로 적는다. 그러면 잊어버릴까 걱정할 필요가 없다.
6. 직접 들었든 책에서 읽었든, 좋은 조언이나 고무적인 말을 접하면 뒷부분에 적는다. 노트의 뒷부분에 이런 지혜들을 모아놓으면 나중에 쉽게 찾아볼 수 있다.

7. 전화를 걸거나 회의를 시작하기 전에 날짜와 시간, 상대의 이름을 적는다. 그 다음 후속조치나 약속에 중점을 두어 대화 도중 나온 모든 내용을 기록한다.
8. 참석자들이 처음 만나는 사람들인 경우 회의 탁자를 그리고 자리별로 이름을 적는다. 회의 내용을 기록하되 모든 말을 받아 적을 필요는 없다. 당신은 법정 서기가 아니다! 핵심 목표, 행동, 다음 단계만 기록하고 요약하라.
9. 노트가 다 채워지면 나중에 찾기 쉽도록 속표지에 최종 날짜를 적는다.
10. 이전 노트 옆에 보관한다. 이제 이 노트는 당신의 인생을 담은 자세한 기록이 된다.
11. 새해가 되면 작년에 쓴 노트들을 훑어보는 것을 하나의 행사로 삼으라. 거기서 새롭게 배우는 내용들이 너무나 많아서 놀랄 것이다. 또한 지난 노트들은 당신이 거쳐온 모든 과정을 상기시킬 것이다. 새해에 참고하고 싶은 생각이나 아이디어가 있으면 새 노트에 옮겨 적으라.

또한 나는 필기할 때 기호를 활용하여 명확성을 더한다.

- 스케줄러에 옮겨야 하는 '과제' 옆에는 □ 표시를 한다.
- 스케줄러에 옮겨야 하는 '행사' 옆에는 ○ 표시를 한다.
- 후속조치가 필요한 항목 옆에는 ! 표시를 한다.
- 회의 종료 시 질문하고 싶은 내용 옆에는 ? 표시를 한다.
- 중요한 핵심 내용 옆에는 * 표시를 한다.

중요한 모든 일을 노트에 적어두면 스트레스를 얼마나 덜 받을까?

하루관리 법칙
#6

메모하지 않고
기억할 수 있는 생각은
대단한 것이 아니다.

아날로그 메모를 시작해보자.

기억하는 뇌는 머리에 있지만 기록하는 뇌는 손끝에 있다.
《오늘보다 나은 내일을 위한 최고의 선물》 중에서

시간을 두 배로 아껴주는
3210 이메일 관리법

7

너무 멀리 내다보는 것은 실수다.
한 번에 이어갈 수 있는 운명의 고리는 하나뿐이다.
윈스턴 처칠

잘못된 일을 빨리 하는 것보다 올바른 일을 느리게 하는 것이 낫다.
피터 툴라

실로 중요한 것은 지금 여기서 시간을 쓰는 방식이다.
시간을 보내는 방식에 싫증이 난다면 바꾸라.
마르시아 위더

그냥 바쁜 것으로는 부족하다.
개미들도 바쁘다.
문제는 어떤 일로 바쁘냐다.
헨리 데이비드 소로

시간의 진정한 가치를 깨달으라.
매 순간을 낚아채고, 거머쥐고, 즐기라.
무료하게 보내거나, 게으름을 피우거나, 뒤로 미루지 마라.
오늘 할 수 있는 일을 절대 내일로 미루지 말라.
체스터필드 경

두뇌의 슬롯머신, 이메일

맥킨지 글로벌 인스티튜트McKinsey Global Institute가 실시한 조사에 따르면 사무직 노동자들은 이메일을 읽고 답하는 데 하루 2.6시간을 사용한다. 일주일로 환산하면 전체 40시간 중 33%에 해당하는 수치다(물론 40시간만 일하는 사람은 없지만 그래도 여전히 상당한 비중을 차지한다). 이처럼 우리는 이메일에 너무 많은 시간을 허비한다. 문제는 이메일이 주된 업무용 연락 수단이어서 무시할 수 없다는 것이다. 사실 이메일의 압박은 우리가 자초한 면도 있다.

우리의 두뇌는 이메일이나 다른 소셜미디어를 슬롯머신처럼 대한다. 즉, 슬롯머신의 손잡이를 당길 때처럼 읽기 전에 기대를 한다. 새 이메일을 확인하는 일은 번거롭기도 하지만 기분 좋을 때도 있다. 대부분의 경우 별다른 내용이 없지만 가끔 흥미로운 내용이나 바로 답을 줄 수 있어서 뿌듯해지는 질문이 들어 있다.

우리의 두뇌는 이메일이라는 슬롯머신에 세 개의 체리 그림이 뜰 때마다 약간의 도파민을 분비한다. 그럴 때면 기분이 좋아진다. 그래서 거듭 이메일을 확인한다. 우리는 분명 너무 많은 이메일을 받는다. 그 이메일을 처리하는 것은 우리의 책임이다.

3210 이메일 관리법

이메일 소식지의 구독을 중단하라. 솔직히 패션 웹사이트의 소식지나 번쩍거리는 '오늘 하루 특가 상품' 광고 또는 클릭을 유도하는 '뉴스' 링크를 받아야 할 필요가 있는가? 이런 이메일을 보내는 매체들이 당신의 일상에 침투하고, 업무 흐름을 방해하고, 구매를 유도하도록 놔두지 말라. 그들은 당신의 머릿속으로 들어가려 애쓴다. 애초에 수신함에 들어오지 못하도록 차단하면 그럴 위험이 없다. '구독 중지' 메뉴를 찾아서 전부 차단하라.

수신 알림 기능을 꺼라. 이메일은 긴급 통신용이 아니다. 특히 사람들이 대부분 하루에 50통에서 500통의 이메일을 받는 상황에서 수신 알림 기능을 이용하는 것은 죄악이다. 수신 알림은 집중력과 작업 진도, 회의와 대화를 방해한다. 알림음이든, 휴대폰 진동이든, 팝업창이든 전부 꺼라.

3210 방식에 따라 하루 3번만 이메일을 처리하라. 하루에 3번(아침, 낮, 밤) 시간을 정해서 이메일을 처리하라. 해당 시간에 휴대폰 타이머로 21분을 설정해놓고 그 안에 수신함을 비우려고 노력하라. 이메일을 처리하는 일을 놀이처럼 만들라. 21분은 일부러 충분치 않게 설정한 것이다. 그래도 집중력을 유지하고, 답신을 간결하게 쓰며, 링크를 클릭하여 인터넷의 바다에서 헤매지 않는 데 도움이 될 것이다.

4D 기준을 적용하라. 이메일을 읽을 때 실행^{Do}, 위임^{Delegate}, 연기^{Defer}, 삭제^{Delete} 중 하나를 적용하라. 연기는 대개 스케줄러에 해당 사항을 추가하는 것을 뜻한다. 즉, 이메일 처리 업무를 연기할 경우 스케줄러에 '옮기는' 것이다. 삭제에 해당하는 경우 완전히 지우지 말고 보관해두라. 요즘은 사실상 용량에 한계가 없기 때문에 나중에 검색 기능으로 찾을 수 있도록 보관하면 된다.

4D에 더하여 파일^{File} 처리에 해당하는 F도 고려하라. 파일 처리는 보관의 다른 형태지만 다시 찾지 못할까 불안할 때 유용하다. 파일로 처리할 때는 프로젝트별이나 고객별 또는 '차후 답신' 같은 형식으로 폴더를 만든 다음 관련 이메일을 넣어두면 된다.

전달, 참조, 비밀 참조 기능을 쓰기 전에 두 번 생각하라. 2013년 8월 9일자 〈월스트리트 저널〉 기사에 따르면 런던에 있는 인터내셔널 파워 International Power라는 기업은 최고 임원들에게 이메일을 전달하거나, 다른 사람을 참조란에 추가하기 전에 '두 번 생각하도록' 권고하는 것만으로 이메일 통신량을 54%나 줄였다. 우리는 단지 다른 사람을 '포함시키려고' 쉽게 전달이나 참조 기능을 쓰지만 현실적으로는 정보 과부하 문제를 일으키고 있다. 당신이 송신이나 참조를 통해 보낸 모든 이메일은 답신으로 돌아온다는 사실을 명심하라. 이메일을 적게 보낼수록 받는 이메일도 줄어든다.

회의, 통화, 이메일은 관리하지 않으면 전체 일과를 조각내서 원대한 생각을 할 시간을 주지 않는다. 필요 없는 회의는 취소하라. 이메일은 하루에 두세 번만 확인하라.

조나 버거 와튼 스쿨 마케팅 교수

어떻게 해야 효과적인 업무 절차를 만들 수 있을까? 간단하다. 다른 사람들이 좌우하는 대로 놔두지 말고 당신이 원하는 대로 만들면 된다. 그러나 대다수 사람들은 그러지 않는다. 바로 아침에 가장 먼저 이메일부터 확인하는 (끔찍한) 습관 때문이다. 그러면 집중력과 활력이 최대한 효과를 발휘해야 할 곳이 아니라 다른 사람들이 유도하는 곳으로 향하게 된다.

대니 아이니 파이어폴마케팅 창립자

제목란에 요구 사항을 적으라. 이상적인 제목은 이메일의 주제만이 아니라 필요한 행동까지 적는다. 그러면 수신자가 이메일을 처리하는 시간이 줄어들고, 같은 방식으로 제목을 쓰게 된다. 그 방법은 주제 앞에 메타 정보를 넣는 것이다. 나는 대문자로 이 부분을 두드러지게 만든다. 가령 이런 식이다.

- '참조 : [주제]' – 단지 예의상 정보를 전달할 때는 '참조'라고 덧붙이라.
- '[날짜]까지 협조 요망 : [주제]', 또는 '[날짜]까지 해야 할 일 : [주제]' – 수신자가 부하가 아닌 경우에는 '협조 요망', 부하인 경우에는 '해야 할 일'이라고 덧붙이라.
- '답신 필요 없음 : [주제]' – 수신자가 단지 예의상 의미 없는 답신을 보내지 않아도 되도록 '답신 필요 없음'이라고 덧붙이라.
- '[주제]– 끝' – 내가 가장 좋아하는 말로서 '끝'이라고 덧붙이면 제목만으로 된 짧은 메시지를 구성할 수 있다. 이 경우 모든 내용이 제목란에 있으므로 수신자가 이메일을 열어볼 필요도 없다.

짧게 쓰라. 이메일을 짧게 쓴다고 해서 무례한 것이 아니다. 오히려 (자신의 시간에 더하여) 상대의 시간을 존중한다는 표시다. 심지어 이메일을 5개 문장 이하로 제한해서 쓰거나 문자메시지처럼 사용하는 사람들이 늘어나고 있다.

왜 10개 단어로 될 일에 100개 단어를 사용하는가. 이메일이든, 보고서든, 발표든, 홍보든 간에 간결한 내용이 힘을 발휘한다.

나오미 심슨 레드벌룬 창립자

이메일을 짧고 간단하게 쓰라. 나는 오랜 세월에 걸쳐 미사여구를 배제하고 요점만 담아서 세 문장으로 된 이메일을 쓰는 훈련을 했다. 이 방식은 나의 시간과 수신자의 시간을 아껴준다.

라이언 홈즈 후트스위트 창립자 겸 대표

나는 이메일을 확인할 때 '한 번에 끝낸다'는 원칙을 따른다. 그래서 이메일을 열면 그 자리에서 회신을 한다. 이전에는 이메일을 읽은 다음 나중에 시간이 있을 때 다시 확인하려고 '미확인'으로 표시했다. 그래서 너무 많은 시간을 낭비했다. 이제는 답장을 쓸 시간이 없으면 열어보지도 않는다. 생각해보라. 이미 읽은 이메일을 다시 읽는 데 30초를 쓴다고 해도 일주일 동안 소중한 몇 분의 시간을 낭비하게 된다.

로라 버그 마이스마트핸즈 대표

내가 줄 수 있는 최고의 조언은 이메일에 대한 것이다. 이메일 수신함의 상태는 그 사람의 생활에 대해 많은 것을 말해준다. 수신함을 비운다는 것은 이메일이라는 멋진 도구를 활용하여 더 많은 일을 해낸다는 뜻이다. 모든 이메일은 3D를 활용하여 처리해야 한다(서류든 시간 요청이든 다른 많은 요소에도 같은 방식을 적용할 수 있다). 모든 일은 한 번에 처리하라. 첫 번째는 삭제Delete다. 피드백이 필요 없거나 의미 없는 이메일은 삭제하라. 두 번째는 조치Deal with it다. 5분 안에 처리할 수 있다면 바로 조치하라. 그러면 어떤 일을 완수할 수 있고 이를 통해 더 많은 일을 하려는 동기를 얻을 수 있다. 여기에 속하는 네 번째 D는 위임Delegate이다. 이 경우 조치란 비서나 팀원 또는 배우자에게 맡기는 것이다. 세 번째는 연기Defer다. 연기는 가장 흥미로운 처리 방식이다. 모든 일에는 좋은 시간과 나쁜 시간이 있으며, 올바른 팀을 찾으면 더 효과적으로 처리할 수 있다.

아리 마이젤 《더 적은 일, 더 많은 삶》 저자

10분 만에 수신함을 비우는 법

내 친구 크리스틴의 이메일 수신함에는 1만 통이 넘는 이메일이 들어 있다. 대부분 읽지 않은 상태로 말이다! 어딘가 낯익지 않은가? 당신도 이런 상황이라면 이메일 파산을 선언하고 앞서 나온 관리 절차를 따르기 전에 '이메일 0 상태'에서 출발하는 것이 좋다.
다음은 내가 제안하는 방법이다.

1. 모든 이메일은 48시간 안에 처리한다.
2. '구 이메일' 폴더를 만든다.
3. 수신함에 있는 모든 이메일을 '구 이메일' 폴더로 옮긴다.
4. 이제 '이메일 0 상태'에서 출발할 수 있다.

이 방법이 일종의 속임수일까? 그럴지도 모른다. 새 폴더로 옮기지 말고 전체 이메일을 그냥 보관해둬도 되지 않을까? 맞다. 하지만 왜 진작 이메일들을 삭제하거나, 보관하거나, 파일로 처리하지 않았는가? 애초에 왜 이메일들이 거기에 있는가? 대다수 사람들은 중요한 이메일을 다시 찾지 못할까 불안하다고 말한다. 보관 기능을 신뢰하지 않거나 사용법을 모르는 듯하다. 그래서 제시하는 간단한 해결책이 따로 명칭을 붙인 폴더를 만들어서 전부 옮기는 것이다. 일단 해보자!

하루관리 법칙
#7

이메일을 확인할 때
'한 번에 끝낸다'는
원칙을 지켜라

업무의 절반을 줄여주는
혁신적 회의

8

잃어버린 시간은 절대 되찾을 수 없다.
속담

오늘 할 수 있는 일을 절대 내일까지 남겨두지 말라.
벤저민 프랭클린

잃어버린 부는 열심히 노력하면 되찾을 수 있고,
잃어버린 지식은 열심히 공부하면 되찾을 수 있으며,
잃어버린 건강은 열심히 운동하면 되찾을 수 있다.
그러나 잃어버린 시간은 영원히 사라진다.
새무얼 스마일스

시간을 활용하라. 적기를 놓치지 말라.
윌리엄 셰익스피어

우선순위를 정하지 않고 시간을 관리하는 것은 총을 마구 쏘면서
아무것이나 맞추는 대로 표적이라는 부르는 일과 같다.
피터 툴라

많은 사람이 거의 동날 때까지 돈을 관리하지 않는다.
시간의 경우도 마찬가지다.
괴테

회의 시간을 즉시 3분의 1로 줄이는 방법은 무엇일까? 근래에 충실한 회의에 참석한 적이 있는가? 아마 없을 것이다. 대다수 회의는 부실하게 조직되고 실행되며 대단히 비효율적이다. 2015년에 협업 플랫폼 클라리젠Clarizen이 조사한 바에 따르면 대상자의 35%는 주간 현황 회의가 시간 낭비라고 말했다. 만약 12명이 한 시간 동안 이 '시간 낭비' 회의를 하면 12시간이 낭비되는 셈이다. 이 경우 대개 다른 방식으로 몇 분만에 다룰 수 있는 정보를 제시하거나 검토하기 위해 12시간 동안 얻을 수 있는 생산성을 잃게 된다. 그런데도 낸시 코엔Nancy Koehn 하버드대 교수의 추정에 따르면 미국에서는 매일 1,100만 건의 회의가 열린다.

회의는 왜 형편없는가?

대다수 회의는 왜 그렇게 형편없을까? 회의는 늦게 시작된다. 성실하지 못한 태도 때문이든, 많은 사람이 말 그대로 연이은 회의에 참석하기 때문이든 대다수 회의는 결국 늦게 시작된다. 늦게 시작되는 회의는 사람들이 늦게 오도록 만들면서 하나의 문화적 현상이 된다. 5분 내지 10분 후까지 회의가 시작되지 않으리라는 사실을 모두가 알면 시간을 맞출 필요가 없다. 수십 명, 수백 명, 수천 명이 늦게 오는 사람들을 기다리는 몇 분의 시간은 1년 동안 긴 시간으로 쌓여간다.

형편없는 회의에는 대개 필요 없는 사람들이 참석한다. 사람들은 기본적으로 '애매하면 일단 초청하자!' 라고 생각하는 듯하다. 이런 태도는 초대받은 사람(그리고 거절할 용기가 없는 사람)의 시간을 낭비하게 만든다. 또한 그 사람이 질문을 하거나 의견을 제시해야 하는 경우 다른 모든 참석자의 시간을 낭비하게 만든다.

파킨슨의 '사소함 법칙', 즉 '자전거 거치대' 효과로도 불리는 이 법칙은 사소한 문제에 가장 많은 시간을 들이고, 중대한 문제에 가장 적은 시간을 들이는 현상을 가리킨다. 거액이 투입되는 원자력 발전소 건설과 관련된 중요한 결정을 내리는 회의가 대표적인 사례라 할 수 있다. 이 회의에선 정작 발전소 건설 건은 별다른 논의 없이 바로 승인됐다. 대다수 참가자가 의견을 내세우기에는 너무 어렵고 복잡한 사안이었기 때문이다. 반면 직원용 자전거 거치대의 설계안은 모두가 아는 내용이었기 때문에 긴 시간 동안 논쟁이 이어졌다.

회의는 일과를 분산한다. 그래서 업무 흐름이나 집중적인 작업을 방해한다. 또한 엉뚱한 사람들이 논의를 주도한다. 자신감이 넘치고 외향적인 사람들은 성격상 회의에서 논의를 주도하는 경향이 있다. 그 결과 더 많이 알면서도 열의가 덜한 사람들이 배제되는 경우가 많다.

마크 큐번의 회의 규칙

나는 이 책을 쓰려고 자료 조사를 할 때 수백 명의 성공한 사람들에게 연락을 했다. 당연히 크게 성공한 사람들을 대상으로 삼았고, 그들도 하루에 1,440분밖에 시간이 없다는 것을 알았기에 회신이 없어도 당황하지 않았다. 그런데 놀랍게도 내가 이메일을 보낸 지 61분 만에 억만장자 사업가인 마크 큐번이 회신을 보냈다. 큐번은 특유의 단도직입적인 어투로 회의할 때 적용하는 규칙을 설명했다.

> 돈 되는 일 아니면 회의하지 마라.
> **마크 큐번** 댈러스 매버릭스 구단주

회의 없는 수요일

마크 큐번의 조언이 약간 극단적이고 비실용적이라고 생각한다면 일주일에 하루를 회의 없는 날로 정하는 방법도 있다. 페이스북 공동 창립자인 더스틴 모스코비츠(Dustin Moskovitz)는 이 책을 위한 인터뷰에서 '회의 없는 수요일' 규칙을 소개했다. 이 규칙은 페이스북에서 가져온 것이다.

회의 없는 날을 '진전의 날'로 부르는 회사도 있다. 모두가 최우선 과제에서 진전을 이룰 수 있도록 서로 방해하지 않는다는 뜻이다.

> 일주일에 하루를 회의 때문에 방해받지 않고 일에 집중할 수 있는 날로 정하라. 우리 회사는 수요일을 회의 없는 날로 정하여 생산성 향상을 도모한다.
> **더스틴 모스코비츠** 아사나 공동 창립자, 페이스북 공동 창립자

효과적인 의제 설정

물론 회의가 필요한 경우도 있다. 효과적인 회의는 사전에 회람하는 효과적인 의제로 시작된다. 다음은 효과적으로 의제를 설정하는 방법이다.

- 회의 도중 새로운 주제가 제기돼 핵심 목표를 벗어나는 일이 없도록 사전에 참석자들로부터 의제에 대한 의견을 접수하라.
- 회의를 여는 목적을 분명하게 밝히라.
- 진행자가 누구인지 분명하게 밝히라.
- 모든 참석자를 파악하라. 인원이 적을수록 좋지만 핵심 인물을 빠트리지 않도록 주의하라. 구글은 회의 참석자를 10명 이하로 제한한다. 스티브 잡스는 타당한 참석 이유를 제시하지 못하면 회의실에서 쫓아냈다.

- 참석자들이 의사결정에 집중할 수 있도록 의제를 가능한 한 질문 형태로 나열하라.
- 참석자들이 회의의 진전과 속도를 파악할 수 있도록 각 사안을 논의하는 데 필요한 추정 시간을 제시하라.

구글 벤처스의 비밀 무기

구글 벤처스Google Ventures의 디자인파트너 제이크 냅은 남은 회의 시간을 측정하는 방법을 선호한다. 그는 자녀의 학교를 방문하는 자리에서 타임 타이머Time Timer를 알게 됐다.

교사들은 이 타이머를 '마술 시계'라고 부른다. 아마존닷컴에서 약 25달러에 살 수 있는 이 타이머는 배터리로 작동하며, 참석자들이 멀리서도 볼 수 있을 만큼 크다. 또한 조용히 돌아가는 빨간 원반을 통해 남은 시간을 알려준다. 일반 스마트폰의 타이머 앱을 써도 괜찮다.

회의나 통화의 기본 시간은 20분이어야 한다. 이보다 긴 경우는 예외적이어야 한다. 주어진 시간이 20분뿐이라는 사실을 모든 참가자가 알면 20분 동안 대단히 많은 일을 해낼 수 있다. 회의 시간을 30분에서 20분으로 줄이기만 해도 하루에 4~6번의 회의나 통화 또는 약속을 추가할 수 있다. 1년으로 보면 1,000번이 넘는 기회를 더 얻는 셈이다. 실로 엄청나지 않은가!

라이언 델크 검로드 임원

해야 하는 단 하나의 일에 집중하라. 그러면 나머지는 저절로 따라온다. 나의 사업은 월요일과 금요일에는 일하지 않기로 결심했을 때부터 잘 풀리기 시작했다. 나는 일주일 내내 하는 일보다 화요일부터 목요일까지 더 많은 일을 해낸다. 덕분에 11년이라는 시간을 더할 수 있었다. 이 시간은 추가로 얻은 이틀에 내가 죽을 때까지 살 40년을 곱한 것이다. 돈을 벌 수 있고, 좋아하는 일을 하라. 쓸데없는 회의, 이메일, 소셜미디어, TV에 시간을 쓰지 말라. 자리에서 일어나 일을 하라. 간단하다.

우디 우드워드 머니매스터리시스템 전략가

나는 쓸데없는 시간을 더하지 않는다. 매일 다른 시계를 차지만 맞출 시간조차 쓰지 않는다. 가능한 한 빨리 많은 일을 해치우고, 사소한 일에 시간을 낭비하지 않으며, 일을 망치면 다시 돌아가서 바로잡는다. 시간은 선택의 약물이며, 부작용은 두려움이다. 시간을 더하면 두려움을 느끼게 된다. 완벽을 기하는 일은 다른 사람에게 맡기라. 처음에 제대로 하라는 말은 적절치 않다. 속도가 성공의 새로운 요소다! 브레이크를 없애고 가속 페달을 밟아서 다른 누구보다 빨리 아이디어를 밀어붙이라. 다른 사람들이 궁리하는 동안 성취하라. 동화에서는 거북이가 토끼를 이기지만 현실 세계에서 백만장자가 되고 싶다면 거북이인 동시에 토끼가 돼야 한다. 완벽을 기하는 일은 완벽주의자에게 맡기라. 나는 성과를 내는 사람이다.

그랜트 카든 《10배 규칙》 저자

스티브 잡스의 회의 방식

1999년 일군의 심리학자들이 56개 집단을 대상으로 앉아서 하는 회의와 서서 하는 회의의 차이점을 조사했다. 그들이 〈응용심리학저널 Journal of Applied Psychology〉에 발표한 결론은 다음과 같다.

> 앉아서 하는 회의는 서서 하는 회의보다 34% 더 오래 진행된 반면 더 나은 결론을 내지 못했다.

다른 연구에서 워싱턴 대학의 연구자들은 성과 측면에서 서서 하는 회의가 앉아서 하는 회의보다 훨씬 낫다는 결론을 내렸다. 그들이 〈사회심리학과 인성학 Social Psychological & Personality Science〉에 발표한 내용에 따르면 서서 회의하면 협력이 더 잘되고, 소수가 아이디어를 독점하는 경향이 줄어들며, 참여도가 높아지게 되고, 문제 해결에 필요한 창의성이 강화된다.

나는 지금도 처음 회사를 매각하면서 겪은 일을 기억한다. 인수업체의 대표인 루디 카산 Rudy Karsan 은 내가 처음 방문했을 때 자리에서 벌떡 일어나더니 "같이 산책이나 할까요?"라고 말했다. 그로부터 30분 후 우리는 200만 달러짜리 계약에 합의하고 악수를 나눴다.

리처드 브랜슨도 전통적인 회의를 좋아하지 않는다. 그는 블로그 (http://www.virgin.com/author/richard-branson)에서 이렇게 밝혔다.

> 나는 대부분의 회의를 서서 하는 편이다. 그러면 훨씬 빨리 본론으로 들어가서 결정을 내리고 회의를 마무리할 수 있다. 그리고 여건이 되면 말 그대로 한 걸음 더 나아가 걸으면서 회의를 한다.

스티브 잡스는 긴 산책을 하며 회의하는 것으로 악명이 높았다. 마크 저커버그와 잭 도시도 이 방법을 받아들였다.

리처드 브랜슨의 10분 회의

회의 시간은 왜 기본적으로 30분 아니면 1시간일까? 아웃룩 달력의 기본 시간 단위가 그렇게 설정돼 있어서 사람들이 무심코 따르는 것일까? 모두 알다시피 시간이 정해지면 다 될 때까지 어떻게든 때우기 마련이다.

마리사 메이어는 구글에서 일하던(현재는 야후를 이끌고 있다) 2006년 〈블룸버그 비즈니스〉와 가진 인터뷰에서 일주일에 70번 회의를 한다고 밝혔다. 이처럼 많은 회의를 해치우는 유일한 방법은 때로 5분 내지 10분씩 작은 단위로 나누는 것이다. 버진 그룹의 창립자인 리처드 브랜슨은 회의를 싫어한다고 자주 밝혔다.

> 내외부적으로 회의나 통화의 기본 시간은 20분이어야 한다. 이보다 긴 경우는 예외적이어야 한다. 회의 시간을 30분에서 20분으로 줄이기만 해도 하루에 4~6번 회의나 통화 또는 약속을 추가할 수 있다.
> **라이언 델크** 검로드 사업개발 책임자

휴대폰 사용 금지

비즈니스 회의를 할 때 문자나 이메일을 확인하는가? 서던 캘리포니아 대학 마셜 경영대학원의 조사에 따르면 그런 사람은 상사와 동료들을 짜증나게 만든다. 구체적인 내용을 보자.

- 86%는 정식 회의에서 전화를 받는 행동이 부적절하다고 생각한다.
- 84%는 정식 회의에서 문자나 이메일을 보내는 것이 부적절하다고 생각한다.
- 75%는 정식 회의에서 문자나 이메일을 확인하는 것이 부적절하다고 생각한다.
- 66%는 모든 회의에서 문자나 이메일을 보내는 것이 부적절하다고 생각한다.
- 22%는 모든 회의에서 휴대폰을 쓰는 것이 부적절하다고 생각한다.

왜 이토록 많은 사람, 특히 성공한 사람들이 회의 도중에 휴대폰을 사용하는 것이 부적절하다고 생각할까? 다음과 같은 이유 때문이다.

- 존중심 결여. 회의에서 오가는 대화보다 휴대폰 문자를, 회의에 참석한 사람들보다 문자를 보낸 사람을 더 중시하는 듯한 인상을 준다.
- 주의 산만. 우리는 한 번에 한 가지 일밖에 집중하지 못한다. 다중 작업은 허구다.
- 다른 사람들의 말을 제대로 듣기 위해 필요한 주의와 집중력을 보여주지 않는다.
- 의지 부족. 우리는 휴대폰을 통한 다른 사람의 호출에 반응한다.

소중한 회의 시간을 최대한 활용하려면 휴대폰을 꺼야 한다.

하루 15분 일일 회의

더 많은 회의가 더 적은 회의로 이어질까? 나는 오랫동안 수많은 컨설턴트에게 도움을 받았다. 그러나 큰 성공을 거두며 빠르게 성장하는 회사를 만드는 비결을 알려준 사람은 번 하니시Verne Harnish 뿐이었다. 하니시는 전설적인 기업인 모임Entrepreneurs Organization의 창립자, 가젤스Gazelles의 대표, 《규모 키우기 Scaling Up》의 저자다. 내가 그의 글을 읽고 얻은 큰 깨달음은 리더들이 조직의 속도를 좌우한다는 것이다. 리더들이 나아가는 만큼 조직이 나아간다. 전체 구성원이 하나되어 빠르게 나아가도록 하려면 회의의 리듬 또는 박자를 만들어야 한다. 그중에서도 일일 회의가 가장 중요하다. 처음에 나는 대단히 회의적이었다. 일일 회의는 팀이 매일 같은 시간에 서서 간단하게 진행하는 회의로서 15분 안에 끝난다. 내가 발견한 사실은 일일 회의가 자리 잡으면 다른 많은 일회성 회의를 길게 열 필요성이 사라지고, 통화와 이메일 수가 줄어들며, 직원 참여도와 교차 판매를 비롯한 여러 변수가 큰 영향을 받는다는 것이다. 일일 회의는 대개 다음 세 가지 의제를 포함한다.

- 현황- 지난 24시간 동안 있었던 일, 특히 다른 팀원들과 관련된 일들을 전한다.
- 수치- 영업, 전환율, 제조 등과 관련된 일간 수치를 검토한다.
- 장애- 해결해야 할 문제, 넘어야 할 장벽, 해답이 필요한 의문을 다룬다.

일일 회의는 15분으로 제한하라! 이보다 길어지면 사람들이 참석할 가능성이 줄어든다. 말을 짧게 하도록 강제하고 바로 해결할 수 없는 문제는 따로 처리해야 한다. 다음 주에 참석할 회의가 얼마나 되는지 살펴보라. 어떻게 하면 회의를 없애거나 줄일 수 있을까?

하루관리 법칙
#9

회의는 나쁜 조직의 징후다.
회의는 적을수록 좋다.

오늘 거절하는 일이
내일 더 많은
시간을 만들어준다

돈은 좋은 것이지만 너무 큰 대가를 지불하기 쉽다.
알렉산더 블록

돈은 벌 수도 있고 잃을 수도 있다.
그러나 시간은 잃을 수밖에 없으니 세심하게 써야 한다.
미상

어제가 오늘을 소모하게 놔두지 말라.
리처드 넬슨

경험을 현명하게 활용한다면 시간 낭비가 아니다.
로뎅

시간 말고 우리 것은 없다.
괴테

시간의 이치를 터득하면 대다수 사람이
1년 동안 이룰 수 있는 성과를 과대평가하고,
10년 동안 이룰 수 있는 성과를 과소평가한다는 사실을 알게 된다.
앤서니 로빈스

잘 쓰기만 하면 시간은 언제나 충분하다.
괴테

이메일과 소셜미디어, 문자메시지는 우리가 처리해야 하는 정보량을 늘렸을 뿐만 아니라 다른 사람들이 우리에게 요청하는 일도 아주 쉽게 만들었다. 이런 요청은 개인적인 경우가 많다. 가령 오늘 저녁에 만나서 술을 같이 마시자거나, 점심을 같이 먹자는 식이다. 어느 정도든 성공한 모든 사람의 수신함은 매일 점심이나 커피를 나누자는 요청으로 넘쳐난다.

우리 시대의 끝없는 요청

다음은 지난 24시간 동안 내게 쏟아진 요청들이다.

- 점심을 같이 먹자는 친구의 요청
- 아마존에 서평을 올라달라는 지인의 요청
- 내가 뽑는 100인의 최고 리더십 강연가 명단에 고객들을 넣어달라는 대리인의 요청
- 보스턴에 왔는데 폭설이 와서 일을 못하는 김에 5분 정도 통화하자는 한 사업가의 요청
- 위원으로서 기금 마련 행사를 위해 10장의 표를 팔아달라는 자선단체 대표의 요청

- 커피를 마시며 경영학과에서 하는 활동에 대한 대화를 나누자는 지역 대학 학장의 요청
- 자신이 처한 문제를 들려주며 조언을 구하는 독자들의 요청

여기에 링크드인을 통해 들어오는 요청까지 있다. 투자를 바라거나, 신제품을 평가하거나, 신규 사업에 대한 조언을 구하거나, 첫 책을 쓰는 일을 도와달라는 등 온갖 요청을 하루에 10건에서 20건씩 받는다.

오해하지 말라. 요청이 많다고 불평하는 것도 아니고 요청하는 사람들을 놀리는 것도 아니다. 오히려 내게 들어오는 요청이 일을 제대로 하고 있다는 증거라고 생각하기에 뿌듯하다. 실제로 요청에 응할 때가 많지만 시간을 헛되이 보내지 않도록 경계한다. 하루는 1,440분밖에 안 된다는 사실을 명심하라!

> 집중은 거절에서 시작된다.
> **스티브 잡스**

국가대표로 올림픽에 나가려면 행사를 비롯한 많은 일을 포기해야 할 수밖에 없다. 오죽하면 습관처럼 거절을 하는 지경에 이르렀다.
사라 헨더샷 미국 조정 국가대표

30분만 통화를 하거나 커피를 마신다고 해도 그만큼 다른 일을 못하게 된다. 가령 그 시간 동안 시를 쓸 수도 있고, 디버깅을 할 수도 있으며, 보고서를 고칠 수도 있고, 고객에게 회신할 수도 있고, 달리기를 할 수도 있고, 뛰어난 아이디어를 떠올릴 수도 있다. 시간에는 항상 대가가 따른다.
라이언 델크 검로드 임원

크게 성공하는 사람이 그냥 성공하는 사람과 다른 점은 거의 모든 요청을 거절한다는 것이다.
워런 버핏

멀리 있는 코끼리를 조심하라

거대한 코끼리도 멀리서 보면 처음에는 작게 보인다고 한다. 안타깝게도 사소하게 여긴 많은 일이 막상 닥치면 큰일이 된다.

한 번은 디킨슨 칼리지Dickinson College에 다니는 한 여학생에게 나의 리더십 관련 저서들을 좋아한다는 이메일을 받은 적이 있다. 그녀는 학교에서 매년 열리는 초청 강연 행사에 나를 추천해도 되는지 물었다. 나는 당연히 된다고 말했다. 첫 번째 수락이었다.

한 달 후 디킨슨 칼리지의 담당자로부터 강연 날짜와 함께 강연료가 없어도 괜찮은지 묻는 이메일이 왔다. 나는 대개 1만 2,500달러에서 2만 2,500달러 사이의 강연료를 받는다. 하지만 학생들을 상대로 강연하는 것을 좋아하고, 적어도 한 달에 한 번은 비영리단체에서 무료 강연을 하려고 노력한다. 스케줄러를 보니 해당 날짜에 다른 일정이 없었다. 사실 그 주 전체가 그랬다. 나는 '이때는 지금보다 훨씬 덜 바쁘겠군'이라고 기대하며 조건에 동의했다. 두 번째 수락이었다.

강연 날짜가 다가오자 다른 학생이 교내 라디오 방송에 내보낼 인터뷰를 요청했다. 강연 2~3시간 전에 인터뷰를 하고 싶다는 것이었다. 나는 기꺼이 응했다. 세 번째 수락이었다.

강연 일주일 전에는 한 교수가 이메일로 경제학 수업 시간에 '기업과 윤리 그리고 사회 참여'에 대한 강연을 해달라고 요청했다. 경제학 수업은 강연 시간 전에 있었다. 앞서 말했듯이 나는 학생들에게 강연하는 것을 좋아했고, 어차피 가야 할 곳이었기 때문에 당연히 요청을 받아들였다. 네 번째 수락이었다.

그러나 시간이 흘러 강연 날짜가 다가올수록 불가피한 일들이 생기기 시작했다. 같은 날 딸이 참가하는 경기가 잡혔다. 결국 나는 딸이 뛰는 모습을 볼 수 없었다. 같은 날 기업에서 강연을 해달라는 요청도 들어왔다. 강연료를 전액 내는 조건이었지만 거절할 수밖에 없었다. 같은 날 호주 방송국이 위성을 통해 인터뷰를 하고 싶다는 제의도 들어왔다. 하지만 나는 이미 예약이 된 상태였다. 물론 이 모든 일들, 특히 딸의 경기를 놓치는 것은 대단히 안타까웠다. 하지만 나는 처음 내린 결정과 뒤이은 수락을 후회하지 않는다.

다만 이 얘기는 앞으로는 지금보다 덜 바쁠 것이라고 잘못 생각하는 경향을 보여주는 극단적인 사례다. 이런 경향 때문에 스케줄러를 보고 3주 후에 아무런 일정이 없다는 이유로 덜컥 점심 약속을 잡기 쉽다. 당연히 3주 후는 편한 점심을 먹기에 좋은 날로 보인다! 그러다가 막상 그날이 되면 회의와 기한, 가족행사로 하루가 가득 차게 된다.

지금 하는 업무와 프로젝트, 과제를 한 달이나 6개월 또는 1년 후에도 하게 된다는 사실을 깨달아야 한다. 생활 패턴이 크게 바뀌지 않는 한 아이들은 계속 아플 것이고, 경기에 나갈 것이며, 학교로 와달라고 요청할 것이다. 또한 상사는 계속 일을 줄 것이고, 차는 계속 오일을 갈아주거나 검사를 받아야 할 것이며, 친구는 계속 파티를 열 것이다.

모든 수락은 다른 일에 대한 거절이다

나는 아이들에게도 모든 수락은 다른 일에 대한 거절이라는 교훈을 가르치려 애쓴다. 그렇다고 해서 모든 수락을 거절해야 한다는 말은 아니다. 다만 수락하기 전에 숙고해야 할 필요가 있다는 것이다.

　나의 딸은 친구의 생일파티 초대를 응했다. 그런데 하필 같은 날 맥스 슈나이더Max Schneider의 콘서트가 열린다는 기사가 나왔다. 딸은 어떻게 해야 할지 엄청나게 고민하다가 약속을 지켜야 했기에 결국 친구의 생일파티에 가기로 결정했다. 또한 11세인 아들은 두 명의 골키퍼 중 한 명으로 순회 축구단에 들어갔다. 그런데 시즌 도중 연극에 참가해달라는 요청이 들어왔다. 연극에 참가하면 한두 경기를 빠져야 했다. 어떻게 해야 할까? 결국 아들은 감독과 팀 동료들과의 약속 때문에 경기를 뛰기로 결정했다. 다시 말하지만 무조건 요청을 거절하라는 말이 아니다. 다만 어떤 일을 수락하면 다른 일을 하지 못한다는 사실을 알아야 한다. 언제나 기회비용이 발생한다는 사실을 알면 훨씬 신중하게 스케줄러에 적어 넣을 일을 결정하게 된다.

엄청나게 반가운 일이 아니면 거절하라.
제임스 앨투처 〈제임스 앨투처 쇼〉 진행자

완벽은 더할 것이 없을 때만이 아니라 덜어낼 것도 없을 때 이뤄진다. 이 깨달음은 어지간한 요청을 모두 거절해도 좋다는 승인과 같다. 오늘 우리가 거절하는 일들이 내일 더 많은 시간을 만들어준다.
로리 베이든 〈고의적 지연〉 저자

진정한 집중은 정말로 하고 싶은 일을 참는 것이다.
니킬 아로라 · 알레한드로 벨레즈 백투더루츠 공동 창립자

내가 활용하는 최선의 방법은 다음 생각을 염두에 두는 것이다. '내가 어떤 일을 수락하는 것은 다른 모든 일을 거절하는 것이다.'
멜라니 벤슨 스트릭 〈정보 마케팅 창업 지침〉 공저자

거절하기가 힘든 이유

어떤 일을 수락하면 다른 일을 하지 못하는데도 요청을 거절하기는 힘들다. 거기에는 다음과 같은 여러 이유가 있다.

- 상대를 화나게 할까 두렵다.
- 상대의 감정을 상하게 할까 두렵다.
- 사람들에게 호감을 사고 싶다.
- 무례하게 행동하고 싶지 않다.
- 실제로 걸리는 시간을 과소평가한다.
- 우선순위를 명확하게 정하지 못한다.
- 도움을 주면 기분이 좋다.
- 미래에 호의를 돌려받는 것을 좋아한다.

우리는 도움이 필요한 사람을 도우라고 배운다. 또한 다른 사람을 돕는 일에 가치를 부여한다. 그러나 시간에 대한 요청을 분별없이 수락하면 애초에 성공을 안겨준 일을 비롯하여 우리가 중시하는 다른 모든 일을 하지 못하게 된다. 그런데도 우리는 자신에게 부담을 지우고 요청을 거절할 때 죄책감을 느낀다. 죄책감 없이 요청을 거절하는 법을 배우라. 상대가 어떻게 생각할지는 신경 쓰지 말라!

친구들의 요청을 거절하는 문제에 대해서는 어떤 결과가 뒤따를지 그리고 자신을 위한 최선의 결정이 무엇인지 생각하라. 다른 사람을 즐겁게 만들려 하지 말고 자신을 먼저 생각하라. 주위에 어떤 사람들을 두는지 신경 쓰라. 그들이 친구라면 거절해도 크게 문제 되지 않을 것이다.

헤일리 실바 전 과목 만점 우등생

쉽게 거절하는 7가지 방법

우선 그냥 "안 된다"고 말하기만 하면 충분하다는 사실을 알아야 한다. 빚을 진 것도 아닌데 그보다 많은 말을 할 필요는 없다. 그래도 거절하기가 힘들다면 은근한 표현들을 시도해보라. 나는 종종 '연락 주셔서 감사합니다만…'으로 시작하여 다음과 같이 말을 이어간다.

1. '지금 기한을 맞춰야 해서 그때까지 다른 일을 할 수 없습니다.' 이 방법은 모르는 사람에게 어떤 요청을 받았을 때 종종 사용한다. 기한이 언제인지 구체적으로 밝히지는 않는다. 어차피 모르는 사람이므로 자세한 내용을 알 필요도 없고, 알려주기를 기대할 일도 없다. 또한 기한이라는 말은 대다수 사람이 공감할 수 있는 힘을 지닌다.

2. '지금 일정이 꽉 차서 보수를 받는 일만 수락할 수 있습니다. 이해해주셔서 감사합니다.' 이 방법은 자신과 회사가 큰 혜택을 얻을 수 있는 조언을 무료로 요청하는 사람들에게 사용한다. 상당한 수입과 자산을 가진 사람들이 큰 가치를 지닌 정보를 요청하면서도 돈을 쓸 생각을 하지 않는 경우가 많다. 이 방법은 정말로 사업 문제에 대한 조언을 듣고 싶다면 대가를 지불해야 한다는 사실을 넌지시 알려준다. 문제는 대부분의 경우 그냥 연락을 끊는다는 것이다.

3. '만나고 싶지만 ○월 ○○일까지는 짬이 나지 않습니다.' 이 방법은 오래 전에 우리 회사에서 일한 사람의 친구처럼 간접적으로 연결된 사람에게 사용한다. 단도직입적으로 거절하지 않고 아주 바쁘다는 사실을 알리려는 의도다. 또한 아주 중요한 일이 아니면 연락하지 않는 편이 나으며, 정말 만나고 싶다면 나중에 내가 원하는 시간을 수용해야 한다는 메시지를 전달한다. 그러면 대부분의 경우 '바쁘신 모양이네요. 덜 바쁘실 때 연락하죠'라는 말과 함께 물러난다.

4. '다음 주 목요일 새벽 2시부터 2시 15분 사이에 통화할 수 있습니다. 괜찮은지 알려주세요.' 시간이 오후가 아니라 새벽이라는 점을 주목하라. 일부러 그렇게 정한 것이다. 이 방법은 1년에 한 번 정도 쓴다. 상대가 괜찮다고 해버리면 새벽까지 깨어 있거나 그 시간에 일어나야 하기 때문이다. 그래도 정말로 끈질긴 사람한테는 이 방법을 사용한다. 모르는 사람이 내게 물건을 팔려 한다면 쉽게 거절할 수 있다. 그러나 그 사람이 친구 소개로 연락을 했다면 예의상 그냥 무시할 수는 없다. 이 방법은 상대에게 부담을 전가한다. 얼마나 간절하게 통화하고 싶은가? 정말로 새벽에 전화를 할 생각인가? 대부분의 경우 '다음 주 목요일 오후면 괜찮습니다. 새벽은 잘못 쓰신 거죠? 아니면 전화하기 정말 어려운 시간이네요!'라는 식으로 답신이 온다. 그러면 나는 '잘못 쓴 게 아닙니다. 저는 하루 24시간 일하며, 그때가 향후 몇 달 동안 유일하게 빈 시간입니다. 통화하시겠습니까?'라고 답한다. 놀랍게도 지금까지 그렇게 하겠다고 말한 사람이 한 명도 없다. 인생이나 자신의 경력을 바꿀 정보를 얻기 위해 시간을 내달라고 요청하는 입장인데도 새벽 2시에 전화를 걸 생각은 하지 않는 것이다. 만약 그렇게 하겠다는 사람이 있다면 낮 시간에 통화할 방법을 찾았다고 말해줄 것이다.

5. '제 일이 아닌 것 같습니다. 대신 다른 사람을 소개해드리죠.' 이 방법은 수월하다. 사람들은 종종 당신이 자신에게 도움이 되는 정보를 알거나 구매 결정을 내릴 수 있다고 생각하고 시간을 요청한다. 당신이 거기에 해당하지 않거나 결정권을 '위임' 했다면 이 방법을 사용해라. '가장 빨리 일을 진행하는 방법은 저의 동료인 폴리나에게 직접 얘기하는 겁니다. 걱정하지 마세요. 저한테 얘기하는 것이나 마찬가지입니다. 폴리나가 결정권자니까요.' 라는 식으로 말하면 된다.

6. '일과 중에는 따로 시간이 나지 않습니다만 이동 중이나 밤에는 밀린 이메일을 확인할 수 있습니다. 이메일로 연락하시겠습니까?' 이는 내가 가장 애용하는 방법이다. 나는 독자나 이메일 소식지 구독자, 지인의 소개를 받은 사람 등이 보낸 모든 이메일에 답신을 보내려고 노력한다. 또한 이메일은 통화보다 훨씬 효과적이다.

7. '저는 처음 통화할 때는 15분만 하는 것을 규칙으로 삼고 있습니다. 관심이 있으시다면 어떤 내용을 논의할지 그리고 어떤 성과를 원하시는지 알 수 있도록 의제를 보내주시겠습니까?' 무작정 거절하고 싶지 않다면 이런 답변이 '대단히 바쁘므로 정말 얘기하고 싶다면 사전 작업을 해야 한다' 는 사실을 알리는 데 좋다. 그러면 대부분 다시 연락하지 않는다.

하루관리 법칙
#9

어떤 일을 수락하면 다른 일은 하지 못한다

다른 사람의 부탁을 언제 거절했는지 또는
거절하지 못했는지 기록해보자.

삶에서 겪는 문제의 절반은 '예'라고 너무 빨리 이야기하고,
'아니오'라고 충분히 빠르게 이야기하지 않는 것에서 생긴다.

조쉬 빌링스

강력한
파레토 법칙

10

성공적으로 마무리한 하나의 일은 마무리하지 못한
50개의 일만큼 가치가 있다
말콤 포브스

평범한 사람들은 시간을 보낼 일만 생각하고,
위대한 사람들은 시간을 활용할 일을 생각한다.
미상

지금 이 순간 당신은 창조를 하고 있다는 사실을 깨달으라.
당신은 다음 순간을 창조하고 있다. 그것이 현실이다.
사라 패디슨

휴식을 취하라. 휴작한 땅에서는 좋은 작물이 자란다.
오비드

매분을 아껴라.
그러면 매시간은 저절로 아끼게 된다.
체스터필드 경

나쁜 소식은 시간이 쏜살같이 지나간다는 것이고,
좋은 소식은 당신이 명사수라는 것이다.
마이클 알트슐러

성패를 좌우하는 관건은 '시간이 없었다'는 말로 표현된다.
프랭클린 필드

20은 80보다 크다

1848년 이탈리아에서 태어난 빌프레도 페데리코 다마소 파레토^{Vilfredo Federico Damaso Pareto}는 당대 유명한 철학자 겸 경제학자였다. 전하는 얘기에 따르면 어느 날 그는 정원에 심은 콩의 20%가 총 수확량의 80%를 생산한다는 사실을 발견했다. 그는 이 발견을 계기로 불균등 분배를 생각했다. 실제로 조사해보니 인구의 20%가 전체 토지의 80%를 차지하고 있었다. 산업 분야에서도 전체 기업의 20%가 생산량의 80%를 담당하는 것으로 드러났다.

> 80%의 성과는 20%의 행동에서 나온다.

입력과 산출의 불균형을 말해주는 이 '보편적인 진리'는 파레토 법칙 또는 80/20법칙으로 불린다. 정확하게 80대 20 비율은 아니더라도 비즈니스와 관련된 다양한 분야에서 비슷한 불균형이 드러난다.

- 영업사원의 20%가 전체 매출의 80%를 올린다.
- 고객의 20%가 전체 이익의 80%를 창출한다.
- 버그의 20%가 장애의 80%를 초래한다.

- 환자의 20%가 의료 지출의 80%를 차지한다(또한 환자의 5%가 의료 지출의 50%를 차지한다!).

개인적인 차원에서도 나는 뜻하지 않게 80/20 비율을 유지한다. 가령 5벌의 좋은 양복을 갖고 있지만 80%의 경우는 검은색 정장에 파란색 셔츠를 입는다. 또한 집에 15개의 방이 있지만 침실과 가족실 그리고 사무실에서 80%의 시간을 보낸다. 우리 동네에 도로가 얼마나 많은지 모르지만 아마 주로 다니는 길은 20% 정도일 것이다. 내가 쓰는 스마트폰에는 48개의 앱이 있지만 80%의 경우는 8개 정도만 쓴다. 식료품을 사러 가면 대부분의 시간을 구석에 있는 농산물과 생선, 유제품, 빵 코너에서 보내고 (건강이나 미용 제품 코너를 제외하고) 중간 구역은 그냥 지나친다.

나는 대단히 내향적인 성격이라 사교활동을 그다지 많이 하지 않는다. 하지만 당신은 아마 여가 시간의 80%를 가족이나 친구의 20%와 보낼 것이다. 그렇다면 어떻게 해야 파레토 법칙을 활용하여 더 많은 시간을 확보할 수 있을까?

나는 모든 일을 할 수 없다는 사실을 인정하고 80대 20 규칙에 따라 대단히 중요한 일만 한다.

제임스 슈람코 수퍼패스트비즈니스 창립자

내가 생산성을 높이기 위해 적용하는 두 가지 주요 개념은 첫째로 어떤 일이 가장 큰 보상을 안기는지 파악하는 데 도움을 주는 80/20 법칙, 둘째로 원하는 결과를 얻는 데 방해가 되는 당면 제약이 무엇인지 파악하는 데 도움을 주는 '제약이론Theory of Constraints'이다.

야로 스타락 엔터프리너스-저니닷컴 블로그 창립자

80/20 비즈니스

사업을 한다면 고객 기반을 분석하여 수익에 도움이 되지 않는 80%의 고객을 '해고'할 수 있다. 나는 사업을 할 때 시간을 투자할 가치가 없는 고객들을 많이 해고했다.

영업팀에도 같은 일을 할 수 있다. 80/20 법칙을 적용하여 실적이 낮은 대다수 영업직원을 해고하라. 그러면 높은 실적을 올리는 남은 영업직원들에게 더 많은 고객이나 더 넓은 구역을 제공할 수 있다. 또한 '승자'들을 더 많이 지원할 수 있다. 제품의 경우도 80/20 법칙에 따라 분석한 다음 이익에 별로 도움이 되지 않는 대다수 제품을 없앨 수 있다. 그러면 대부분의 고객서비스 문제를 제거하고, 창고의 공간을 늘리며, 가치제안을 단순하게 만들 수 있다. 소프트웨어 기업을 운영한다면 어떤 버그들이 고객지원센터로 걸려 오는 전화의 80%를 초래하는지 파악하라. 이 버그들을 제거하면 기술 지원 비용을 크게 줄일 수 있다.

마케팅 활동에도 80/20 법칙을 적용할 수 있다. 나는 한 컨퍼런스에서 세스 고딘Seth Godin을 인터뷰하면서 트위터를 안 하는 이유를 물었다. 당시는 트위터가 한창 인기를 끌던 때였다. 그래서 최고의 마케팅 전문가로 평가받는 세스가 트위터를 쓰지 않는다는 사실이 놀라웠다. 그는 "트위터에 반감을 가진 것은 아닙니다. 다만 하루에 쓸 수 있는 시간은 정해져 있기 때문에 트위터를 쓰면 매일 블로그에 글을 올리는 일처럼 다른 일을 할 시간이 없어요."라고 대답했다.

요즘 같은 소셜미디어 시대에는 트위터, 페이스북, 링크드인을 써야만 할 것 같다. 그러나 80/20 법칙에 따라 분석하면 대다수 활동과 청중이 한 플랫폼에 결부돼 있음을 알 수 있다. 이 경우 해당 플랫폼에 주력할 것임을 알리고 다른 플랫폼들은 무시할 수 있다.

20% 노력으로 만드는 80% 성과

매년 정원 관리에 얼마나 많은 시간과 돈을 들이는가? 아마 당신은 잔디를 깎고, 경계선을 만들며, 비료나 다른 화학제품을 뿌리고, 잡초를 제거하며, 나뭇가지를 다듬고, 꽃을 심으며 보도를 청소할 것이다. 이런 일을 직접 하지 않는다면 잔디 깎기, 뿌리 덮개 교체, 비료 구매, 제초제 뿌리기, 나뭇가지 다듬기에 얼마나 많은 돈을 쓰는지 생각해보라.

80/20 법칙에 따르면 정원 관리 작업의 20%가 실제로 당신의 집을 지나가는 이웃과 다른 사람들의 눈에 비치는 이미지의 80%를 좌우한다. 이 점을 염두에 두고 잔디 깎기와 잡초 제거는 하되 경계선 만들기와 계절별 꽃 심기는 그만두라(물론 정원을 관리하는 일을 즐긴다면 상관없다!).

학습에 적용하는 80/20 법칙

나는 고등학교를 졸업할 때 선생님에게 좋은 조언을 들었다. 그녀는 대학에 가면 고등학교 때보다 책을 읽는 과제가 훨씬 많을 것이라고 말했다. 가령 일주일에 소설 수업을 위해 한 권의 책을 읽고 각 교과서도 여러 장을 읽어야 했다. 선생님은 각 장의 첫 문단과 마지막 문단 그리고 나머지 문단의 첫 문장만 읽으면 내용의 80%를 이해할 수 있다고 설명해줬다. 나의 경험에 따르면 이 비결을 활용할 경우 A학점은 못 받더라도 B학점은 받을 수 있다.

지금 나는 바쁜 일과를 보내는 3명의 아이를 키우고 있다. 나는 10대 딸들의 시험 준비를 도울 때 각 장의 요약란과 확인 문제부터 본다. 교과서의 저자가 무엇을 생각하는지 아는 것이 가장 중요하다. 그 다음 뒤로 돌아가 답을 찾는 것이 전체 장을 처음부터 끝까지 읽는 것보다 훨씬 효율적이다.

내가 발견한 가장 중요한 시간 관리 전략은 하루 중 1%의 시간을 내일 일과를 정하는 데 투자하는 것이다. 14분이면 된다. 자기 전에 14분을 투자하는 것은 분명 유익한 습관이다. 그러면 다음과 같이 시간을 아끼는 여러 가지 혜택을 누릴 수 있다.
① 다음 날 할 일의 우선순위를 정할 수 있다. ② 내일 해야 할 일을 생각하며 뒤척일 필요 없이 편하게 잘 수 있다. ③ 자는 동안 무의식 속에서 일을 완수하는 최고의 방법을 찾게 된다. ④ 14분을 투자하여 일과를 정하면 생산성을 올릴 56분의 시간이 추가로 생긴다.

게리 로퍼 동기 부여 강사

내가 생산성을 높이기 위해 적용하는 두 가지 주요 개념은 첫째로 어떤 일이 가장 큰 보상을 안기는지 파악하는 데 도움을 주는 80/20 법칙, 둘째로 원하는 결과를 얻는 데 방해가 되는 제약을 파악하는 데 도움을 주는 '제약이론Theory of Constraints'이다. 걸림돌을 제거하는 일에 집중할 때는 성과를 내기 위해 노력할 필요가 없다. 내가 보기에 현명하게 과제를 선택하는 일이 생산성을 높이는 데 가장 중요하다. 그래서 앞서 말한 두 개념이 성공에 필수적이다.

야로 스타락 엔터프리너스-저니닷컴 블로그 창립자

달라이 라마의 가방에 든 것

내가 달라이 라마를 다룬 글 중에서 가장 좋아하는 것은 2002년에 〈글로브 앤드 메일The Globe and Mail〉에 실린 기사다. 달라이 라마는 세계를 자주 여행하며 불교와 티벳 사람들이 겪는 고통을 알린다. 소유물이 별로 없는 그는 어디를 가든 항상 작은 빨간색 가방을 들고 다닌다. 기사에 따르면 어떤 행사에서 한 청중이 가방에 무엇이 들었는지 물었다. 달라이 라마는 바로 가방을 열어서 안에 든 물건들을 꺼내 보여주기 시작했다. 그는 초콜릿 바, 안경집, 치약, 클리넥스 티슈를 꺼낸 후 잠시 머뭇거리다가 사탕 한 알을 꺼내 바로 까서 입에 넣었다.

당신은 여행할 때 얼마나 많은 물건을 갖고 다니는가? 너무 많은 물건이 당신의 시간을 빼앗지는 않는가?

나의 친구들은 대부분 뉴욕이나 저지 해안 또는 포코노스에 별장을 갖고 있다. 그래서 내게 별장이 없다는 것을 알면 놀란다. 그들이 모르는 것은 내가 별장에 대한 그들의 말을 신중하게 들었다는 사실이다. 그들은 별장이 있어서 누리는 즐거움은 거의 얘기하지 않는다. 대신 별장에 누가 침입하거나, 허리케인 때문에 별장이 침수되거나, 별장을 빌려줬더니 엉망이 됐다는 얘기만 한다.

별장은 매주 먼지를 털어줘야 하는 수집품처럼 모든 소유물에는 대가가 따른다는 사실을 보여주는 하나의 사례다. 집이 클수록 청소할 방이 늘어난다. 전자제품은 사용법을 익히고, 설정을 해야 하며 블루투스를 연결하고, 고장나면 고쳐야 한다. 수영장은 주기적으로 청소해야 한다. 반려동물은 산책을 시켜주고 병원에도 데려가야 한다.

학교에 다니는 세 자녀를 키우는 나는 교외에서 사는 것이 실용적이라고 생각한다. 그러나 아이들이 모두 떠나면 나도 떠날 것이다. 그때가 되면 거의 모든 물건을 처분하고 지겨워지거나 죽을 때까지 해마다 다른 도시에 있는 멋진 아파트를 빌려서 살 것이다. 뉴욕, 바르셀로나, 아말피, 시드니, 멜버른, 홍콩, 라호야 등 어디가 되든 말이다!

모든 '소유물'이 나쁘다는 말이 아니다. 나도 재미로 수집하는 미니카와 두 마리의 고양이가 있다. 다만 모든 소유물은 시간을 요구하기 때문에 손에 넣기 전에 신중하게 생각해야 한다. 작은 가방에 모두 넣을 수 있도록 소유물을 제한할 필요는 없지만 가진 것이 없어도 행복하게 사는 달라이 라마에게서 교훈을 얻을 수 있다.

적게 일하고 많이 거두는

파레토 법칙을 다루는 이 장에서 얻을 수 있는 중요한 교훈은 계산기를 들고 돌아다니며 생활의 여러 분야에서 80대 20 비율을 찾는 것이 아니다. 소수의 대상과 활동으로도 성과를 얻을 수 있는 것이 무엇인지 알아내겠다는 마음가짐이 더 중요하다. 가령 다음과 같은 일들을 할 수 있다.

- 지름길을 찾으라.
- 탁월하게 잘하는 중요한 일들을 하고 나머지는 '괜찮은' 수준으로만 하든지 아예 하지 말라.
- 소수의 목표 영역에서 두각을 드러낼 수 있는 실력을 기르라. 모든 것을 터득하려고 애쓰지 말라.
- 가장 중요한 20%의 목표와 활동을 파악하면 일을 덜 하고, 스트레스를 덜 받으면서도 더 행복할 수 있다는 사실을 깨달으라.

하루관리 법칙
#10

80%의 성과는 20%의 행동에서 나온다.

20% 노력으로 80% 성과를 만들어낸 사례를 기록해보자.

적게 일하고 많이 거두는 건 20%의 활동이 결정한다.

일주일에 8시간을 아껴주는 '세 가지 질문'

11

핵심은 시간을 어떻게 쓰느냐가 아니라 어떻게 투자하느냐다.
스티븐 코비

가장 중요한 질문은 내가 어떤 사람이 되고 있느냐다.
짐 론

늦장을 부리는 가장 확실한 방법은 충분한 시간을 갖는 것이다.
레오 케네디

실행할 때는 지금이다.
어떤 일도 너무 늦은 때는 없다.
칼 샌드버그

즐겁게 낭비한 시간은 낭비된 것이 아니다.
버트런드 러셀

일을 즐기는 사람이 보내는 최악의 하루는
일을 즐기지 않는 사람이 보내는 최고의 하루보다 낫다.
짐 론

'최고의 코더' 상을 받은 게으름뱅이

2013년 1월에 여러 뉴스 매체가 밥의 놀라운 얘기를 보도했다. 밥이 일하는 회사는 빠른 프로그래밍 속도와 높은 코드 품질을 치하하기 위해 그를 '최고의 코더^{Coder}'로 명명하고 높은 인사고과를 줬다. 40대 중반의 모범직원인 그는 매일 아침 9시에 출근했고, 오후 5시 퇴근하기 전에 상사에게 일일 작업 보고서를 냈다.

그러나 밥이 어떻게 시간을 보내는지 몰래 살펴봤다면 뜻밖의 상황을 목격했을 것이다. 그는 대개 11시 30분까지 레딧 게시글을 읽고 유튜브 동영상을 보다가 1시간 30분 동안 점심을 먹었다. 또한 1시에 오후 일과가 시작되면 3시간 30분 동안 이베이, 페이스북, 링크드인 및 기타 소셜미디어 사이트를 돌아다녔다. 그러다가 4시 30분에 상사에게 보고서를 보내고 퇴근했다. 단 한 줄의 코드도 작성하지 않은 채 말이다. 다음 날도 마찬가지였다.

어떻게 그럴 수 있을까? 어떻게 회사의 스타 프로그래머가 종일 게으름을 피울 수 있을까? 사실 밥은 대단히 영리한 사람이었다. 그는 굳이 직접 하지 않아도 일할 수 있는 방법을 모색했다. 그 답은 중국에 있는 소프트웨어 개발 회사에 업무를 넘기는 것이었다. 연봉이 약 20만 달러였던 밥은 그중 5만 달러를 중국 프로그래머에게 주었다.

밥은 이런 방식으로 놀라운 수준의 생산성과 품질을 과시하면서도 종일 인터넷을 하며 놀았다. 그러다가 중국에서 자주 서버에 접속하는 것을 감지하고 해킹으로 의심한 회사가 조사하는 과정에서 밥의 수법이 들통나 버렸다. 결국 그는 해고당했다.

내가 대표였다면 밥의 월급을 두 배로 올리고 최고기술책임자로 임명했을 것이다. 그러면 개발 작업을 전부 외주로 돌려서 수백만 달러를 아낄 수 있었을 것이다. 밥은 회사의 규칙을 어긴 대가로 해고당했지만 일을 처리하는 그의 접근법에서 많은 것을 배울 수 있다.

없애거나 위임하거나 재설계하라

2013년 9월, 런던비즈니스 스쿨 줄리안 버킨쇼 Julian Birkinshaw 교수와 클루언트 최고마케팅 책임자 조던 코헨 Jordan Cohen 은 〈하버드 비즈니스 리뷰〉에 생산성과 관련된 실험 결과를 발표했다. 거기에 따르면 지식노동자들은 스스로 만족스럽게 여기지 않으며, 다른 사람에게 맡길 수 있는 작업에 일하는 시간의 41%를 할애한다. 그러면 왜 그런 일을 계속할까?

버킨쇼와 코헨의 주장은 우리가 바쁘다고 느낄 때 중요한 사람이라고 생각하기 때문이라는 것이다. 우리는 업무에서 진전을 이룰 때 참여감과 만족감을 느낀다. 또한 회의는 지루할 때가 많지만 책상에서 벗어나 약간의 사교활동을 할 기회를 제공한다.

버킨쇼와 코헨이 일하는 속도를 늦추고 새로운 방식으로 일을 생각하도록 만들자, 지식노동자들은 상당한 시간을 확보했다. 평균적으로 그들은 일주일에 책상에서 작업을 하는 6시간과 회의를 하는 2시간을 아낄 수 있었다. 이토록 많은 시간을 아낄 수 있었던 비결은 무엇일까?

버킨쇼와 코헨은 다음과 같은 기준으로 업무를 분석하게 만들었다.

- 제거 : 어떤 업무를 제거할 수 있는가? 아예 하지 않아도 되는 일은 무엇인가?
- 위임 : 어떤 업무를 위임할 수 있는가? 외주로 돌릴 수 있는 일은 무엇인가?
- 재설계 : 계속해야 하지만 시간을 아끼는 효율적인 방식으로 할 수 있는 일은 무엇인가?

이 방법을 실행하기 위해 지난주에 했던 모든 업무와 회의를 나열하고 다음 단계를 따르라.

1. '이 일이 나에게 또는 회사에게 얼마나 가치를 지니는지' 따지라. 그냥 하지 않으면 어떻게 될까?
2. '이 일을 나만 할 수 있는지' 따지라. 회사 내외부에서 할 수 있는 사람이 있을까?
3. '더 빠른 절차로 같은 성과를 얻을 수 있는지' 따지라. 시간이 반밖에 없다면 어떻게 이 일을 해야 할까?

이 세 가지 질문은 가치가 낮아서 제거하거나, 위임하거나, 재설계해야 하는 일을 파악하는 데 도움을 준다.

> 모든 지금을 활용하여 외주를 맡기고 다른 사람의 시간을 사라. 그것이 핵심이다. 당신의 168시간을 조직한 다음 다른 사람들의 시간을 사들여서 성장하라.
> 셰인 샘스 · 조슬린 샘스 FlippedLifestyle.com 창립자

당신은 두세 가지 핵심적인 일을 책임지고 나머지는 다른 사람들에게 맡기라. 그러면 핵심적이라고 여기는 일을 잘 해내는 한편 같이 일하는 사람들에게 책임지고 과제를 완수할 권한을 줄 수 있다.

임마드 아쿤드 주요 모바일 광고사 창립자이자 대표

진정한 집중은 정말로 하고 싶은 일을 참는 것이다. 이번 주 그리고 오늘 해야 하는 가장 중요한 세 가지 일이 무엇인지 자문하면서 일주일과 하루를 시작하라. 이메일의 블랙홀이 당신을 집어삼키지 않도록 이 목록을 종일 눈앞에 두라. 당신보다 일을 잘하는 사람을 찾아서 협력하라. 모든 것을 직접 하려 들지 말라.

니킬 아로라 · 알레한드로 벨레즈 백투더루츠 공동 창립자

하기 싫은 일은 다른 사람에게 맡겨라

25세가 되던 해 8월의 더운 토요일, 집에서 잔디를 깎던 일이 기억난다. 당시 나는 회사의 대표로 일주일에 80시간 넘게 일하고 있었다. 잠도 제대로 자지 못했고, 운동은 전혀 하지 않았으며, 사교활동도 하지 못했다. 그런데도 두 시간 넘게 잔디를 깎았다.

먼지와 잘린 잔디들이 흩날리는 가운데 오르막길로 잔디깎기를 밀고 가느라 땀방울이 턱에서 뚝뚝 떨어졌고, 얼굴은 햇빛에 타고 있었다. 그 와중에도 침실에 페인트칠을 하고, 빨래를 하고, 식료품을 사는 것은 물론이거니와 월요일까지 만들어야 하는 발표 자료와 회신을 보내야 하는 수백 통의 이메일을 생각했다. 왜 나는 돈을 주고 동네 아이에게 잔디 깎는 일을 시키지 않았을까? 돈이 없었기 때문이다. 아니, 돈이 없다고 생각했기 때문이다.

최근 비슷한 내용이 담긴 토니 로빈스의 인터뷰를 보았다. 그는 10대 시절에 사업을 시작하면서 돈은 부족했지만 하루 두 시간이라도 사람을 고용해야 한다는 사실을 깨달은 얘기를 들려주었다.

초기에 어려움을 초래하는 문제는 '모든 일을 직접 해야 한다'는 생각입니다. 하지만 일할 수 있는 시간은 정해져 있고, 가족과 친구들에게도 시간을 할애해야 하는데 어떻게 모든 일을 할 수 있을까요?

그 답은 사람을 고용하는 겁니다. 다른 사람과 거래를 하는 거죠. 하루에 두 시간이라도 시간을 사야 합니다. 저도 처음에 그렇게 했습니다. 아직 어릴 때였는데 두 벌밖에 없는 정장을 찾으러 세탁소로 달려간 일이 기억납니다. 곧 비행기를 타야 하는데 늦게 가서 문을 닫아버리면 입고 갈 정장이 없었거든요.

저는 정신없이 땀을 흘리면서 달려갔습니다. 원래 땀이 많은 편이기는 해도, 그렇게 땀을 뻘뻘 흘리며 달려가다 보니까 뭐가 문제가 있다는 생각이 들더군요. 다른 생산적인 일을 할 수 있는데 세탁소에서 줄을 서야 한다니 말도 안 되는 일이었죠. 당시 저는 10대 후반이었지만 사람을 고용하기로 마음먹었습니다. 처음에는 하루 두 시간으로 충분했습니다. 그러다가 4시간으로 늘어났죠. 다른 사람이 더 잘할 수 있는 일과 제 시간을 최대한 활용하지 않는 일은 하지 말자는 것이 제 생각입니다.

준비가 됐다고 생각하기 전부터 다른 사람들을 시켜서 일을 덜어내야 한다. 동네 아이에게 일주일에 한 번씩 잔디 깎는 일을 시키는 데 돈이 얼마나 들겠는가? 집에서 혼자 아이를 키우는가? 그렇다면 혼자만의 시간을 갖기 위해 아직 취업하지 못한 대학 졸업생에게 오후 한 시간씩 아이 보는 일을 시키는 데 돈이 얼마나 들겠는가?

> 하기 싫고 잘하지 못하는 일을 하는 것만큼 진전을 늦추고, 길을 벗어나게 만들며, 생산성을 낮추는 것은 없다. 그런 일은 가능한 한 빨리 (하기 좋아하고 잘하는) 다른 사람에게 맡겨야 한다. 그런 일을 오래 할수록 진정으로 좋아하고 보람을 느낄 수 있는 일을 못하게 된다.
> **안드레아 왈츠** 《거절해도 부딪히라(Go for No!)》 저자

잘하는 일에 집중하라

당신은 신생기업의 대표인가? 아주 뛰어난 사무직원을 고용하는 데 얼마나 들까? 직접 할 수 있는데 돈을 쓸 필요가 있을까? 나는 창업투자자 마크 수스터Mark Suster가 운영하는 블로그에서 창업자에 대한 조언을 열심히 읽는다. 그는 '초기 투자를 받은 후 가장 먼저 고용해야 할 직책'이라는 글에서 사무직원의 가치를 역설한다.

초기 투자를 받은 후 가장 먼저 고용할 직책은 사무직원이다. 농담이 아니다. 사업 초기에 비용을 통제할 때는 당연히 돈을 아껴 써야 한다. 또한 현금이 약간 있을 때 성과도 내야 한다. 그러나 절약하던 시절에 익숙해진 습관 때문에 사소한 일까지 직접 하느라 발목이 잡히는 대표나 창립자들이 너무 많다. 그래서 규모를 키우는 데 애를 먹는다.

생각해보라. 사업 초기에 가장 소중한 자산은 창업팀이다. 누구도 창업팀보다 소중할 수 없다. 그런데도 당신은 비용을 처리하고, 회의 일정을 잡으며, 급여를 정산하고, 컴퓨터를 주문하는 따위의 일에 발목이 잡혀 있다.

사무직원을 두지 않으면 당신이 사무직원이 된다. 행정 업무를 직접 할 수 있다고 해도 그럴 이유가 있을까? 한 시간 넘게 우편물을 부치거나, 회계장부를 정리하고, 항공권을 예약하느니 잠재고객에게 전화를 걸거나, 새로운 정보를 습득하고, 전략적 사고에 몰두하는 편이 훨씬 낫다. 고유한 역량을 발휘하여 최대한 성과를 올릴 수 있는 일에 가능한 한 많은 시간을 들이라. 인쇄용지를 사러 문방구로 가는 일은 여기 해당되지 않는다.

> 당신이 잘하는 일에 집중하고 나머지 일은 다른 사람에게 맡기라.
> **루이스 하우즈** 〈스쿨 오브 그레이트니스(School of Greatness)〉 팟캐스트 진행자

모든 것을 주문하라

팀 페리스Tim Ferriss가 쓴 《4시간4-Hour Workweek》이라는 책이 성공한 이후 가상 비서를 활용하는 일은 일종의 유행이 됐다. 처음에 이 일은 인도나 필리핀에 있는 대행업체에 이메일 분류나 예약 또는 다른 잡무를 맡기는 것을 뜻했다. 그렇게 해서 도움을 받은 사람도 있지만 언어 장벽과 부실한 업무 능력 때문에 거부하는 사람도 있었다. 그러나 이제는 그 개념이 실로 넓게 확장돼 사전에 별다른 계획을 세우지 않아도 거의 모든 일을 맡길 수 있게 됐다.

우버는 주문형 이동 서비스라는 개념을 대중화시켰다. 운전기사를 둔 부자들을 부러워하던 기억이 있는가? 이제는 누구나 우버 앱을 실행하여 원하는 장소로 데려다 줄 운전기사를 부를 수 있다. 인터넷을 검색하고 소셜미디어에 새로운 내용을 올리거나, 레스토랑을 예약하거나, 케이블 TV 서비스를 취소해줄 사람이 필요한가? 팬시핸즈(FancyHands.com)를 활용하라.

잡다한 집안일을 맡기고 싶은가? 태스크래빗(www.TaskRabbit.com)에 맡기면 오븐을 청소하거나, 이케아 가구를 조립하거나, 옷장을 정리해줄 것이다.

《4시간》이 출간됐을 때만 해도 외주는 생소한 개념이었다. 그러나 지금은 일을 전문가에게 맡기는 것이 자연스러워졌으며, 누구도 그들이 어디에 있는지 신경 쓰지 않는다. 와이파이, 스카이프, 이메일 그리고 아사나(www.asana.com), 슬랙(www.slack.com) 같은 프로젝트 관리용 의사소통 도구 덕분에 멀리 떨어진 사람과의 협업도 크게 어렵지 않다.

직접 해야 하는 일

그렇다면 외주로 돌리면 안 되는 일은 무엇일까? 앞서 밝혔듯이 나는 아침마다 아이들의 등교를 도와주는 사람을 고용했지만 전일제 보모를 고용한 적은 없다. 친구들처럼 입주 보모나 전일제 보모를 고용하는 것이 어딘가 불편하게 여겨졌기 때문이다. 나는 가족이 아닌 사람과 한 집에 살고 싶지 않으며, 아이들을 돌보는 일을 가장 중시하기 때문에 가능하면 직접 하고 싶다. 그렇게 하기 위해 일과를 유연하게 조정할 수 있어서 다행이다. 수입과 경력 측면에서 손해를 본다는 사실을 알면서도 그 길을 택했다.

식료품도 거의 매일 또는 이틀에 한 번씩 직접 마트에 가서 구매한다. 자주 마트에 가는 건 시간 사용을 최적화한다는 측면에서 보면 피해야 한다. 그러나 나는 식료품 사는 일을 좋아한다. 최대한 신선한 과일과 채소, 생선을 사는 것이 즐거운 일 중 하나이고 시간도 오래 걸리지 않는다. 또한 운동 삼아 신선한 공기와 햇빛을 누릴 수 있는 기회이기도 한다.

억만장자인 마크 큐번은 지금도 빨래를 직접 한다고 밝혔다. 나도 그렇다. 사실 매주 다른 사람에게 시키거나 세탁소에 맡기면 간단하다. 당신도 그럴 것이며 그게 맞을지도 모른다. 다만 나는 빨래를 직접 하는 것이 마음을 안정시키는 데 도움이 된다. 요점은 다음과 같은 경우가 아니라면 모든 일을 외주로 돌리는 것이다.

1. 직접 하는 것을 좋아하며, 휴식과 재충전의 일환이다.
2. 직접 하는 것이 옳다고 생각한다.
3. 직접 하는 것보다 비용이 더 든다.

> 해마다 시간을 어떻게 쓰는지 분석하여 최소한 15%의 일을 위임하라.
> **제이 배어** 컨빈스앤드컨버트 창립자

나의 아버지는 암과 싸우다가 2011년 64세의 나이로 돌아가셨다. 나는 마지막 2년 동안 아버지를 돕는 와중에도 하루 12시간에서 14시간을 일했다. 아버지가 돌아가시기 전후 그리고 돌아가신 날에도 이메일에 답신을 하거나 다른 사람이 해도 되는 일들을 했다. 비록 아버지 곁을 지키기는 했지만 제대로 간호하지 못한 것이다.

뭔가 변화가 필요했다. 나는 좋아하지 않는 일, 다른 사람이 할 수 있는 일을 하지 않기로 마음먹었다. 이 두 가지 필터를 솔직하고 엄격하게 과제 목록에 적용하면 거의 모든 일을 내 시간과 활력에 따른 대가보다 저렴하게 다른 사람에게 맡길 수 있음을 알게 됐다. 단지 시간당 20달러짜리 일에만 해당되는 것이 아니다. 시간당 세 자릿수 돈을 버는 일들도 진정한 프로에게 맡길 때 최고의 투자 대비 수익을 안기는 경우가 많다. 그러면 아낀 시간과 활력을 실로 중요한 것에 쓸 수 있다.

채드 함제 · 루크 로리오 DSV2미디어 창립자 시간 관리를 위한 나의 조언은 비슷한 크기의 두 물체는 같은 시간에 같은 공간을 차지할 수 없다는 오랜 경구에 바탕을 둔다. 우선순위도 마찬가지다. 두 가지 과제나 활동 또는 운동을 동시에 할 수는 없다. 따라서 중요도에 따라 시간과 활력, 집중력을 가장 잘 투자할 수 있는 일을 골라야 한다. 독일의 심리학자 쿠르트 레빈은 이처럼 동등한 매력을 지닌 두 가지 대안 중에서 하나를 골라야 하는 상황을 '접근법 충돌' 이라 불렀다. 요약하자면 '하나를 얻기 위해 다른 하나를 포기해야 한다' 는 것이다. 나는 비슷한 중요도를 지닌 우선순위가 여러 개 있을 때 이 말을 떠올린다. 어차피 끝낼 수 있는 일은 하나뿐이다. 따라서 신체적, 정신적 투자에 대해 최고의 성과를 올릴 수 있는 일을 골라야 한다. 시간을 어떻게 할당해야 할지 모르겠다면 '하나를 얻기 위해 다른 하나를 포기해야 한다' 는 말을 떠올리라. 그리고 어떤 일을 할지 적극적으로 선택하라.

스티브 올셔 리쿼닷컴 공동 창립자

시간을 잘 관리하는 데 대단히 중요한 일은 주제를 정하는 것이다. 즉, 매일 집중할 일과 매주 달성할 목표를 정해야 한다. 운동선수로서 계속 훈련하고 경기에 나간다면 신체적, 정신적으로 최고의 상태를 유지하도록 휴식을 취하는 것이 엄청나게 중요하다. 또한 자신을 위한 시간이나 휴식을 취할 시간 또는 집중력을 회복할 시간을 갖는 것이 중요하다. 운동선수 생활을 할 때는 난관을 수용하고 극복할 수 있어야 한다. 결과적으로 전체 과정을 얼마나 잘 이행했는지 그리고 과정은 계속 변하며 결코 완벽할 수 없기에 변화에 얼마나 잘 적응하는지 여부가 성패를 좌우한다. 수련의 핵심은 완벽을 기하되 완벽할 수 없다는 사실을 이해하는 것이다. 완벽을 기한다는 것은 기꺼이 배우고 난관을 극복하여 해결책을 만든다는 뜻이다. 이는 매일 지나야 하는 과정이며, 올바른 길을 따라 매 걸음에 집중하면 그 발자국을 볼 수 있다.

케이티 울랜더 미국 스켈레톤 국가대표

큰 단위로 묶으라. 여러 일을 오가느라 정신적 활력을 소모하지 않도록 이메일 처리나 통화 또는 다른 일들을 한 덩어리로 묶으라는 조언들이 많다. 그 말에 동의하지만 나는 더 큰 단위로 묶는다. 가령 매달 고객과 관련된 모든 일은 총 6일, 홍보 활동은 총 5일에 걸쳐서 처리하고 휴가는 한 달 단위로 1년에 두 번 간다. 이처럼 큰 단위로 일을 묶으면 짧은 기간에 집중적으로 생산성을 올릴 수 있으며, 휴식을 통해 창의성을 재충전할 충분한 시간을 벌 수 있다.

팀 콘리 창업 컨설턴트

하루관리 법칙
#11

당신이 잘하는 일에 집중하고
나머지 일은 다른 사람에게 맡기라.

주제를 정해두면
내일로 일을 미루지 않는다

12

아예 하지 말아야 할 일을 효율적으로 하는 것만큼 쓸데없는 일이 없다.
피터 드러커

무엇을 해야 할지만 안다면 지금은 모든 시간처럼 아주 좋은 때다.
랄프 왈도 에머슨

시간을 가장 못쓰는 사람이 가장 먼저 시간이 없다고 불평한다.
장 드 라 브뤼예르

시간과 나는 어떤 한 쌍과도 맞붙을 수 있다.
발타자르 그라시안

지금 때와 시간은 가장 힘든 하루를 지난다.
윌리엄 셰익스피어

흘러가는 시간은 숱한 교훈을 가르친다.
아이스킬로스

시간은 유능한 치료사이자 형편없는 미용사다.
루실 하퍼

습관과 원칙 따르기

잭 도시Jack Dorsey는 트위터의 공동 창립자이자 스퀘어Square의 대표다. 한동안 그는 두 회사에서 전일 근무를 했다. 한 회사에서 8시간씩 하루에 16시간을 일했다는 말이다. 그는 2011년 〈테코노미Techonomy〉와 가진 인터뷰에서 생산성을 높이는 비결을 다음과 같이 설명했다.

> 그렇게 일할 수 있는 유일한 방법은 원칙과 습관을 충실하게 따르는 겁니다. 제게 맞는 방법은 그날의 주제를 정하는 것이었습니다. 월요일에는 두 회사에서 경영에 집중합니다. 스퀘어에서는 경영 방향 회의를, 트위터에서는 옵콤OpCom 회의를 갖죠. 경영과 관련된 일대일 면담도 이날 다 합니다. 화요일은 제품에 집중합니다. 수요일은 마케팅, 커뮤니케이션, 성장에 집중합니다. 목요일은 개발자와 협력업체에 집중합니다. 금요일은 회사, 문화, 고용에 집중합니다. 토요일은 등산을 하면서 휴식을 취합니다. 일요일은 성찰, 피드백, 전략에 집중하고 다음 주를 준비합니다. 물론 항상 갑작스런 일들이 생기지만 신속하게 대응합니다. 화요일인 경우 제품에 집중하면서 제품 개발 회의를 진행합니다. 이 방식은 직원들에게도 유익한 리듬을 제공합니다. 덕분에 항상 성과를 내죠. 가령 지난주에 어디까지 왔으며, 다음 주에 어디까지 갈 것인지 보여줍니다.

매일 주제를 정하라

존 리 듀마스John Lee Dumas는 일일 팟캐스트인 '앙트레프레뉴어온파이어 EntrepreneurOnFire'의 성공을 토대로 몇 년 만에 백만 달러 규모의 사업을 일구었다. 그의 동료인 케이트 에릭슨Kate Erickson은 2014년에 블로그에 올린 글에서 그날의 주제가 사업에 미치는 영향을 다음과 같이 설명했다.

> 우리 두 사람이 성공적으로 활용하는 방법은 각 요일에 주제를 정하는 것이다. 가령 팟캐스트를 제작하는 날은 화요일이다. 이날 앙트레프레뉴어온파이어를 위한 모든 인터뷰를 진행한다.
>
> 수요일은 웨비나를 갖는 날이다. 이날 우리는 라이브 팟캐스트 워크숍, 웨비나 워크숍, 커뮤니티 웨비나를 진행한다. 각 요일에 주제를 정해두면 미리 계획하고, 경로를 유지하기 쉽다. 매일 정해진 주제가 있으면 성과를 낼 가능성이 커지고, 내일로 일을 미룰 여지가 줄어든다.

세 가지 주제로 일주일 계획하기

유명한 창업 코치인 댄 설리번^{Dan Sullivan}은 세 가지 주제를 기준으로 일주일을 계획하라고 제안한다.

- 집중일 : 이날은 가장 중요한 활동, 대개 수익을 창출하는 활동에 매진한다. 고유한 재능을 발휘하여 가장 잘하는 일을 하는 날이기도 하다.
- 완충일 : 이날은 밀린 이메일이나 통화를 처리하며 내부 회의를 열고, 업무를 위임하며, 서류 작업을 하고, 업무와 관련된 훈련이나 교육을 진행한다.
- 자유일 : 이날은 일을 전혀 하지 않고 휴가나 오락 또는 자선활동에 시간을 할애힌다. 일과 관련되지 않은 이메일이나 통화도 이날 처리한다. 재충전을 위한 날이다.

내가 일주일을 보내는 법

나도 그날의 주제를 정하려 애쓰지만 도시나 듀마스, 설리번처럼 하지는 못한다. 다음은 내가 일주일을 보내는 방법이다.

> **월요일 :** 일주일의 첫날은 (잭처럼) 내부 경영 회의를 여는 날이다. 직원들과 일대일 면담을 가지면서 지난 일주일 동안 이룬 성과와 향후 일주일 동안 추진할 목표를 검토한다. 또한 전체 구성원이 전반적인 맥락을 인지할 수 있도록 팀 회의에서 일주일 동안 할 일을 간략하게 공유한다. 솔직히 나는 회의를 좋아하지 않기 때문에 월요일이 싫다. 그래도 나머지 4일 동안 생산성을 높여줄 협력의 장으로 일주일을 여는 것은 아주 좋아한다.
>
> **화요일~목요일 :** 이 3일은 내게 '집중'하는 기간이다. 그래서 책을 쓰거나, 인터넷 학습 코스를 기획하고 마케팅 자료를 만든다. 나의 고유한 역량을 활용한 이 '성과물'들은 수익을 안겨준다.
>
> **금요일 :** 이날은 '완충'의 날이며 청구서나 이메일을 처리하거나 독자에게 회신을 보낸다.

만남을 위한 시간

나는 요일별 주제에 더하여 매월 마지막 금요일은 다른 사람들과 점심이나 커피를 함께하는 날로 정해뒀다. 나는 매주 커피를 같이 마시자는 요청을 많이 받는다. 그중에서 수락하고 싶은 요청이 있으면 그달의 마지막 금요일로 약속을 잡는다. 우리 동네 커피숍 직원들은 내가 11시에 와서 같은 테이블에 앉아 시간별로 다른 손님들을 맞는 모습에 놀란다. 나는 모든 만남이 끝나면 대개 약 10잔의 커피값을 지불한다.

베스트셀러 저자인 데이브 커펜도 일주일 단위로 외부 회의를 갖는 시간을 정해둔다고 한다. 그는 내게 "원하는 모든 사람과 만나지만 일주일에 한 시간만 할당한다"고 설명했다.

완충일을 둔 샌드위치 휴가

나는 휴가를 싫어했다. 휴가가 오히려 스트레스였다. 휴가 자체는 좋지만 그 전날은 정상적인 하루 업무를 마치는 와중에 다른 일을 맡기느라 정신없이 보내야 했다. 또한 휴가 초반은 미처 끝내지 못하고 온 일을 전화나 이메일로 처리하며 '신경을 꺼야' 하는 일들을 걱정하면서 보냈다. 그리고 휴가를 마치고 오면 정상적인 회의 일정을 소화하는 와중에 밀린 이메일과 전화를 처리하느라 머리가 어지러울 지경이었다.

휴가의 질을 높이려면 휴가 전후에 완충일을 두라. 밀린 일을 처리할 시간을 별도로 확보하라는 말이다. 이 기간에는 회의 계획이나 프로젝트 작업 계획, 점심 약속도 잡지 말라. 특히 휴가에서 돌아온 날은 밀린 이메일 피드백, 통화, 우편물을 처리하고 정상적인 업무 속도로 돌아오기 위해 직원들과 간단하게 회의를 할 수 있도록 시간을 확보하라.

체계적으로 업무를 맡기고 다시 따라잡을 시간이 있다는 사실을 아는 것만으로도 진정한 휴식을 즐기는 데 도움이 된다. 이 방법을 유용하게 만들 수 있는 비결을 알고 싶은가? 비서에게는 휴가에서 복귀하는 날을 알리되 다른 직원들이 보는 스케줄러에는 그대로 '휴가'로 표시하도록 알리라. 그러면 휴가에서 돌아오자마자 회의 일정이 잡히거나 직원들이 몰려들 일이 없다.

하루관리 법칙
#12

요일별로 업무 주제를 정하라.

일주일을 계획하기 위해 세 가지 주제를 정해보자.

한 시간을 낭비해도 된다고 생각하는 사람은 인생의 가치를 모른다.
찰스 다윈

나중에 하지 말고 한 번에 끝내라

13

시간은 모든 소유물 중에서 가장 소중하면서도 가장 쉽게 사라진다.
존 랜돌프

시간은 돈이다.
벤저민 프랭클린

시간은 모든 사람이 가진 유일한 자본이며,
절대 잃어서는 안 되는 유일한 자본이다.
토머스 에디슨

시간은 인생의 주화다.
시간은 당신이 가진 유일한 주화이며,
오직 당신만 어떻게 쓸지 결정할 수 있다.
조심하지 않으면 다른 사람이 당신 대신 쓰게 된다.
칼 샌드버그

우편물을 어떻게 분류하는가?

매일 들어오는 우편물을 분류하는 방법을 보면 그 사람에 대해 많은 것을 알 수 있다. 다음은 내가 과거에 분류하던 방법이다.

긴 하루를 보내고 집에 돌아와 우편함에 든 우편물들을 들고 주방으로 간다. 그 다음 호기심을 느끼며 일단 재빨리 훑는다. 홍보물, 전기세 고지서, 주택 대출금 고지서, 잡지, 발신 주소가 없는 카드 등이 뒤섞여 있다.

카드가 눈에 띄어서 먼저 열어보니 아들에게 온 생일파티 초대장이다. 아이폰으로 일정을 확인한 결과 참석할 수 있을 것 같다. 그래도 다른 계획이 없는지 재차 확인할 필요가 있다. 나는 카드를 내려놓고 전기세 고지서를 연다. 에어컨을 너무 많이 써서 얼마나 나왔을지 궁금하다. 아이쿠! 다른 고지서는 납부기한이 됐을 때 확인하기로 결정한다.

나는 고지서들을 내려놓고 〈비즈니스 위크〉를 훑어보며 두어 개의 주요 기사를 읽는다. 그리고 한 기사를 나중에 마저 읽어야겠다고 생각한다. 끝으로 잡지를 내려놓고 저녁을 만들기 시작한다. 그날 밤, 다시 우편물을 분류하면서 홍보물을 전부 버린다. 그 다음 잡지는 주방에 그냥 두고 나머지를 사무실 책상 위로 던진다. 아마 나중에 고지서를 다시 열어볼 것이고, 기억한다면 초대장을 다시 열어볼 것이며, 스케줄러를 본 다음 답장을 보낼 것이다.

이렇게 우편물을 '처리'하는 것이 큰 문제가 아닌 듯 보일 수 있다.

그러나 실은 다른 모든 일을 처리하는 양상을 단적으로 보여주는 사례인 경우가 많다. 이 경우 같은 일을 거듭하게 된다. 가령 우리는 이메일을 처리할 때 흔히 발신자와 주제를 보고 대응한다. 그래서 열어볼지 말지 결정한다. 열어서 읽은 후 나중에 답신을 보내기로 결정하고 그냥 수신함에 둔다. 그러면 같은 이메일을 또 읽게 된다. 또 다른 예로 더러운 옷을 벗어서 침실 바닥에 그대로 둔 후 나중에 주워서 옷장에 쌓아둔다. 그러다가 일주일에 한 번 또는 옷장문을 닫을 수 없는 지경이 된 날 옷들을 빨래 바구니로 옮겨서 세탁기에 넣는다. 그리고 엄청나게 많은 빨래를 시작한다.

> 나는 (5분 안에 끝낼 수 있는) 일이 있으면 미루지 않고 바로 처리한다. 그러면 나중에 해야 할 일들이 늘어나지 않는다.
> **니하르 수타르** 코넬 대학 전 과목 만점 우등생

빨리 끝낼 수 있는 일은 바로 해라

성공한 사람들은 거의 모든 일을 바로 처리한다. 효율성을 기하려면 일을 처리하는 데 최소한의 시간과 정신적 에너지를 써야 한다는 사실을 알기 때문이다. 요컨대 그들은 한 번에 끝낸다는 마음가짐을 따른다. 다음은 내가 한 번에 끝낸다는 원칙에 따라 우편물을 처리하는 방식이다.

- 우편함으로 가서 우편물을 꺼낸다.
- 현관까지 걸어가는 길에 홍보물을 전부 골라낸다.
- 홍보물을 차고 쓰레기통에 버리고 집으로 들어간다.
- 잡지는 커피 테이블에 있는 잡지함에 넣는다.
- 남은 고지서를 컴퓨터 옆 고지서함에 넣는다.
- 매주 금요일 아침 30분 동안 고지서를 처리한다.

나는 한 번에 끝내는 규칙이 대단히 중요하다고 생각한다. 그래서 5분 안에 끝낼 수 있는 일이라면 즉각 행동을 취하도록 권한다. 미리 계획한 일과를 간섭하지 않는 한 나중에 하지 말고 즉시 처리하는 편이 더 낫다.

모든 이메일 즉시 처리하기

대다수 사람들은 이메일이 도착하는 즉시 또는 수신함을 열었을 때 새 메시지가 있으면 바로 읽는다. 그런데 간단하게 회신을 보낼 수 있는 경우가 아니면 나중에 처리하려고 메시지를 닫는다는 것이 문제다. 결국 나중에 같은 메시지를 다시 열어서 읽어야 하기 때문이다! 그보다는 모든 이메일을 즉시 처리하는 편이 낫다. 다음은 내가 오늘 아침 이메일을 처리한 과정을 정리한 것이다.

오전 11시. 아침 운동이 끝나고 아이들은 등교했다. 2시간 동안 집중적으로 글을 쓰는 시간도 지났다. 이제 이메일을 확인할 차례다. 나는 심호흡을 하며 이메일을 연다. 첫 이메일은 내 이름으로 올라가는 글들을 확인하게 위해 설정한 구글 알림이다. 거기에 따르면 이전에 일정을 잡아둔 블로그 글이 오늘 아침 게시됐다. 블로그로 가서 살펴보니 제목에 오자가 있다. 나는 다른 이메일들을 확인한 후 고치기로 마음먹는다.

그때 '한 번에 끝내야 한다'는 생각이 떠오른다. 그래서 바로 워드프레스를 열어서 오자를 고친 후 다시 올린다. 다음 이메일에는 한 프리랜서가 세금 관계로 알려준 사업자등록번호가 담겨 있다. 나는 나중에 내용을 덧붙여 회계사에게 전달하려다 또다시 '한 번에 끝내야 한다'는 생각이 떠오른다. 그래서 바로 전달 메뉴를 누른 후 몇 줄의 내용을 덧붙여서 회계사에게 보낸다. 다음 이메일은 변호사가 보낸 것으로 청구서가 첨부돼 있다. 생각지 못한 청구서라 당황하여 첨부된 PDF 파일을 열어본다. 알고 보니 제대로 청구한 것이 맞다. 등록상표와 관련하여 문의했던 일을 잊고 있었다. '어제 청구서를 전부 처리했는데……'
나는 청구서를 출력하여 해당 시간에 처리하도록 분류해두거나 아니면 지금 바로 처리할 수 있다. '당연히 지금 해야 해!' 다행히 신용카드도 받는다고 한다. 나는 그의 홈페이지에서 신용카드 정보를 입력한다. 겨우 3분밖에 걸리지 않았다.
다음 이메일은 최근에 가입하여 회비를 낸 펜실베이니아 동향 모임이 비영리단체인지 묻는 내용이다. '내가 어떻게 알아? 이걸 누구한테 전달하지? 어쨌든 지금 바로 처리해야 해.' 나는 새 탭을 열어서 해당 사이트로 간다. 소개 페이지를 보니 비영리단체라는 내용이 없다. 그래서 그대로 회신한다. 발송. 끝.
다음 이메일은 강연 가능 여부와 강연료를 묻는 내용이다. 나는 비서에게 이메일을 전달한다. 그녀가 알아서 처리할 테니 나는 한 자도 적을 필요가 없다. 나는 모든 이메일을 처리하거나 할당된 30분이 끝난 후 이메일을 닫고 늦은 오후에 다시 확인한다.

한 번에 끝낼 수 없다면 스케줄러에 적어라

이메일을 즉시 처리할 수 없다면 나중에 하도록 스케줄러에 적는 것이 매우 효과적인 전술이다. 다시 말하지만 과제 목록이 아니라 스케줄러를 활용해야 한다.

'얼마 전 여동생에게 이메일을 받았다. 나는 답신을 보내기보다 전화로 상세한 대화를 나누고 싶었다. 그래서 과제 목록에 올리거나 이메일을 수신함에 그대로 두지 않고 스케줄러에 통화 시간을 적어뒀다. 나는 지메일과 구글 캘린더를 쓴다. 이메일을 연 상태에서 스케줄러에 일정을 넣고 싶으면 다음 과정을 따른다.

1. (드롭 다운 메뉴에서) 상단 중앙 근처에 있는 '추가 작업'을 누른다.
2. '일정 만들기'를 누른다.
3. 구글 캘린더에 새 일정을 기록하는 양식을 담은 새 탭이 열린다. 기본 양식을 보면 현재 날짜와 시간을 기준으로 이메일의 제목이 제시되며, 이메일의 본문이 내용란에 나온다.
4. 원하는 대로 날짜와 시간을 조정한 다음 '저장'을 누른다. 끝!

마이크로소프트 아웃룩을 쓴다면 더 간편하다. 이메일이 열려 있는 상태에서 '일정' 버튼을 누르거나 이메일을 끌어서 화면 오른쪽에 있는 달력의 날짜에 넣기만 하면 된다. 추가 정보를 원하거나 방법을 보여주는 스크린샷이 필요하다면 '이메일 내용으로 일정 만드는 법'을 구글에서 검색해보라.

한 번에 끝내는 습관

주변이 어수선하면 정신이 혼란스럽고, 물건을 찾는 데 시간이 오래 걸리며, 나중에는 따로 시간을 내서 청소해야 한다. 한 번에 끝낸다는 마음가짐은 주변을 항상 깔끔하게 유지하는 데 큰 도움을 준다.

나는 세 아이들에게 한 번에 끝내는 습관을 들이도록 가르친다. 과거 아이들은 식사를 마친 후 접시를 싱크대에 그냥 올려뒀다 그래서 내가 가서 식기세척기에 넣어야 했다. 이제는 아이들도 식사를 마치면 접시를 싱크대에서 간단하게 헹군 다음 바로 식기세척기에 넣는다.

빨래도 마찬가지다. 더 이상 소파 옆에 신발이나 양말을 벗어뒀다가 잊어버리지 않는다. 신발을 벗었다면 바로 방에 가져가거나 문 옆에 둬야 한다. 빨래의 경우 두 개의 빨래 바구니를 옷방에 둔다. 하나는 어두운 색 계열의 옷(냉수 세탁용)을 위한 것이고 다른 하나는 흰 옷(온수 세탁용)을 위한 것이다. 빨래방에서 그냥 넣기만 하면 되는데 더러운 옷을 일일이 분류할 필요가 있을까?

시간을 관리하는 기본 원칙은 한 가지 일을 확실하게 끝낸 후 다음 일로 넘어가는 것이다. 그러기 위해서는 숙제를 할 때 문자, 스냅챗, 트위터, 인스타그램 때문에 방해를 받지 않도록 휴대폰을 치워야 한다. 특히 숙제와 관련하여 가장 중요한 시간 관리 지침은 다음과 같은 간단한 질문을 던지는 것이다. '내일 수업에 지장을 받지 않으려면 오늘 밤에 무엇을 끝내야 하는가?' 마찬가지로 중요한 질문은 '다른 일로 바쁠 때를 대비해 지금 할 수 있는 일은 무엇인지' 살피는 것이다. 일과를 아는 일은 시간 관리에 필수다.

엘리자베스 포블리트 아칸소 대학 공학과 장학생

하루관리 법칙
#13

5분 안에 끝낼 수 있는 일은 바로 하라.

하루를 완성하는
아침 시간의 힘

14

시간은 청춘을 망가뜨리는 기수다.
조지 허버트

시간은 우리를 가르치는 학교이며, 우리를 태우는 불이다.
델모어 슈와르츠

시간은 누구보다 현명한 조언자다.
페리클레스

시간은 우리가 가장 원하면서도 가장 헛되이 쓰는 것이다.
윌리엄 펜

잃어버린 시간은 결코 되찾을 수 없다.
벤저민 프랭클린

시간은 사용하는 만큼 길게 이어진다.
레오나르도 다빈치

시간은 돈을 가져가지만 돈으로는 시간을 사지 못한다.
제임스 테일

매일 아침 행복감과 생산성 그리고 창의성을 높일 수 있는 충실한 시간을 갖는다면 어떨까?

우리는 대개 아침에 일어나면 끝없는 일에 압박을 느껴서 바로 반응하기 쉽다. 그래서 밤새 들어온 이메일과 소셜미디어 답글 그리고 스케줄러에 기록한 첫 번째 과제에 반응한다. 집에서 아침을 먹거나 운동하려고 마음먹었다가도 반응 모드로 들어가면 '출근길에 커피를 마시고 운동은 저녁에 해야지. 빨리 출근해서 일하는 게 나아'라고 생각하기 쉽다. 하지만 성공한 사람들은 기운을 북돋고 활력을 안기는 아침 일과를 정하고 따른다.

나는 충분한 휴식을 취한 상태로 깨어나 30분 동안 명상한 다음 운동을 시작한다. 45분 동안 운동할 때는 신체 단련과 정신 수양을 겸할 수 있도록 풍부한 오디오 프로그램을 활용한다. 최신 뉴스를 아는 것이 아무리 중요하게 보여도 절대 아침에 뉴스부터 확인하거나 아이폰부터 보는 일은 없다. 나는 긍정적이고, 깔끔하며 순수하고, 창의적이며, 고무적인 것만 받아들이기 위해 하루를 여는 첫 시간을 신중하게 지킨다. 내가 얻는 창의적인 아이디어는 대개 이 시간에, 종종 땀에 흠뻑 젖었을 때 나온다. 아침 9시가 되면 나는 활력과 의욕에 넘쳐서 무엇이든 맞을 준비가 된다.

댄 밀러 《더 이상 끔찍한 월요일은 없다(No More Dreaded Mondays)》 저자

다른 누구보다 15분 일찍 일어나고, 다른 누구보다 15분 일찍 출근하라. 매일 아침 가장 먼저 15분 동안 생각을 집중하면 삶의 모든 문제를 해결할 수 있다.

크레이그 밸런타인 터블런스트레이닝 창안자

하루를 바꾸는 아침 한 시간

젊고 어리석었던 시절, 과로에 지쳐 엉망인 상태로 침대에서 일어나자마자 20분 만에 샤워를 마치고 운전한 얘기를 앞에서 했다. 앞차가 경찰차인 줄도 모르고 추월하다가 단속에 걸렸던 일 말이다. 그런 삶은 위험할 뿐만 아니라 창의성, 전략적 사고 능력, 전반적인 생산성까지 저해한다. 저급한 음식을 먹고 경찰차를 앞지르는 일은 더 이상 없다. 요즘 나의 아침 일과는 다음과 같다.

> 6:00~6:20 - 기상, 고양이 밥 주기, 커피를 마시며 아이들 아침과 점심 준비, 등교하는 아이들 배웅하기
> 6:20~6:21 - 단백질 셰이크와 물 마시기
> 6:21~6:22 - 감사의 시간
> 6:22~6:27 - 집중적인 명상
> 6:27~6:40 - 팟캐스트 켜기, 요가
> 6:40~6:50 - 부위별 기구 운동
> 6:50~7:00 - 샤워, 옷 입기
> 7:00   - MIT 시작

나는 이 시간을 대단히 간소한 '활력의 시간' 으로 본다. 덜 바쁜 시기에는 오디오 북이나 팟캐스트를 들으면서 30분에서 60분 동안 추가로 유산소 운동을 한다. 이렇게 아침 일과를 시작한 후로 얼마나 기분이 달라졌는지 모른다.

- 아이들과 접촉하며 애정을 표현할 수 있기에 아버지로서 기분이 좋다.
- 단백질 위주 식사로 포만감을 느끼지만 둔해지지 않으며, 물로 잠을 깨운다.
- '감사의 시간' 은 행복감을 단단하게 만든다.
- 개인적으로 명상이 안기는 혜택은 느끼지 못했지만 과학적으로 밝혀진 효능을 믿는다. 5분보다 길게 하면 더 많은 것을 얻을지도 모른다.
- 간단한 요가는 생활을 바꿔놓았다. 40대 후반인 나는 요가를 하지 않으면 바로 전신에 통증과 뻐근함을 느낀다.
- 요가나 유산소 운동을 하면서 오디오 북이나 팟캐스트를 들으면 나중에 어떤 일이 생기든 이미 학습 내지 오락을 위한 '나만의' 시간을 가졌다는 사실에 기분이 좋아진다.

성공한 사람들의 아침 습관

성공한 사람들이 전부 같은 일과를 따르는 것은 아니다. 그러나 다음과 같은 일관된 특징을 쉽게 발견할 수 있다.

- 대개 아침 6시 이전에 일찍 일어난다.
- 물을 많이 마셔서 수분을 보충한다.
- 종류가 다르기는 하지만(과일, 오트밀, 채소 스무디, 단백질, 탄수화물) 몸에 좋은 음식으로 아침식사를 한다.
- 운동을 한다.
- 명상을 하거나, 일기를 쓰거나, 책을 읽는다.

아놀드 슈와츠네거는 팀 페리스와의 인터뷰에서 다음과 같이 아침 일과를 들려줬다.

> 저의 아침 일과는 아주 간단합니다. 매일 5시에 일어나서 아래층에 있는 주방으로 내려가 여러 신문을 읽은 다음 아이패드로 이메일을 확인합니다. 그 다음 45분에서 1시간 동안 운동한 후 아침을 먹죠. 대개 오트밀, 바나나, 딸기, 블루베리를 모두 섞어서 커피와 함께 먹습니다. 식사를 마친 후에는 샤워를 하고 일하러 나갑니다.

토니 로빈스도 팀 페리스와의 인터뷰에서 오디오 프로그램인 '궁극적인 경쟁우위 The Ultimate Edge'에서 '활력의 시간'을 보내는 방법을 들려준다. 그는 매일 아침 호흡 운동에 이어 10분 동안 감사한 모든 것에 대한 명상을 하고 삶에서 원하는 것을 머릿속에 그린다. 그 다음 15분에서 30분 동안 주문을 반복하면서 운동을 한다. 그는 최근에 한 인터뷰에서 2~3분 동안 영하 110도 정도로 온도가 내려가는 급냉실에 들어가는 한냉요법을 쓴다고 말했다.

숀 스티븐슨 Shawn Stevenson은 건강 및 운동 전문가, 베스트셀러 저자, 팟캐스트 '모델 헬스 쇼 The Model Health Show'의 진행자다. 그는 인터뷰에서 다음과 같이 아침 일과를 들려줬다.

> 활력이 모든 것이다. 우리는 매일 한정된 양의 의지력을 발휘할 수 있다. 활력이 약하면 의지력이 금세 고갈된다. 나는 아침에 대부분의 창의적인 작업을 한다. 그래서 컴퓨터 앞에 앉았을 때 활력이 넘치도록 생활을 조정한다. 아침에 일어나면 의무적으로 하는 세 가지 일이 있다.
> 첫째, 850그램 정도의 좋은 물을 마셔서 소위 '속 목욕'을 한다. 이 '속 목욕'은 잠든 동안 체내에 쌓인 폐기물을 씻어내려서 신진대사를 촉진한다. 잠에서 깨면 우리 몸은 탈수 상태이기에, 물을 마시면 즉각 신체의 균형을 회복할 수 있다.

둘째, 20분 이내로 걷기와 같은 유산소 운동을 한다. 이 운동은 복근을 만들기 위한 것이 아니라 기분을 좋게 만드는 엔돌핀과 집중력에 도움을 주는 코르티솔 및 에피네프린 같은 스트레스 호르몬을 분비시키기 위한 것이다(또한 연구 결과에 따르면 이 호르몬을 아침에 분비시키면 잠도 더 잘 온다).

셋째, 적은 탄수화물과 많은 지방 그리고 적절한 단백질로 구성된 아침을 먹는다.

활력 있는 아침을 만드는 작은 습관

〈비즈니스 인사이더〉는 성공한 사람들의 아침 일과를 소개하는 연재 기사를 실었다. 다음은 그 내용을 요약한 것이다.

- 베이너미디어VaynerMedia의 공동 창립자 겸 대표인 게리 베이너척Gary Vaynerchuk은 아침 6시에 일어나 뉴스와 소셜미디어를 확인한 다음 트레이너와 함께 45분 동안 운동한다. 출근하면서 가족들과 통화한다.
- 만화가 스콧 애덤스Scott Adams는 주말과 휴일을 비롯하여 매일 똑같은 아침 일과를 따른다. 그의 기상 시간은 새벽 5시. 그러나 인터뷰에서 밝힌 바에 따르면 '새벽 3시 30분 이후에 잠에서 깨면 거의 새벽 5시로 간주하고 콧노래를 부르며 힘차게 일어난다.' 아침식사는 커피와 단백질바로 해결한다.
- 사업가이자 〈샤크 탱크〉 심사위원인 케빈 오리어리Kevin O'Leary는 새벽 5시 45분에 일어나 45분 동안 가정용 헬스 자전거를 타면서 뉴스를 본다.
- 포커스 브랜드FOCUS Brands 회장인 캣 콜Kat Cole은 새벽 5시에 일어나 680그램의 물을 마시면서 약 20분 동안 소셜미디어를 확인한 다음 20분 동안 운동을 하고 고단백 스낵을 먹는다.
- 저술가이자 교수인 칼 뉴포트Cal Newport는 아침 6시에 일어나 물 한 잔을 마시고 개와 산책을 하며, 산책길에 공원에서 턱걸이를 한다.

아침 일과 6단계

할 엘로드 Hal Elrod는 강연가, 성공 코치, 저술가로서 아침 일과가 인생을 바꾸고 성공을 위한 탄탄한 토대를 마련해 줬다고 말한다. 실제로 그는 아침 일과의 힘을 굳게 믿은 나머지 《미라클 모닝 The Miracle Morning》이라는 책까지 썼다. 다음은 인터뷰에서 그가 한 말이다.

> '미라클 모닝'의 전제는 자기계발에 시간을 할애한다는 원칙을 갖고 매일 아침 일어나는 것이다. 그래야 상상할 수 있는 가장 특별한 삶을 만들고, 지금 가능하다고 생각하는 것보다 더 빨리 그렇게 하는 데 필요한 사람이 될 수 있다. 대다수 사람들은 더 많이 이루기 위해 더 많이 '하는 데' 집중하지만 '미라클 모닝'은 덜 하면서도 더 이루도록 더 많이 '되는 데' 집중하는 내용을 다룬다.

인생의 구원자 체계

엘로드는 조사와 경험을 토대로 '인생의 구원자Life S.A.V.E.R.S' 라는 체계를 만들었다.

- S는 침묵Silence(조용함, 감사, 명상, 기도)을 뜻한다.
- A는 확인Affirmations(목적, 목표, 우선순위)을 뜻한다.
- V는 시각화Visualization(목표, 이상적인 삶)를 뜻한다.
- E는 운동Exercise을 뜻한다.
- R은 독서Reading(자기계발서)를 뜻한다.
- S는 쓰기Scribing(일기)를 뜻한다.

엘로드는 이미 어떤 수준으로 성공했든 매일 아침 자신에게 투자하는 시간을 통해 더 높은 수준으로 올라갈 수 있다고 설득한다.

내가 신성시하는 아침 일과는 35분 동안 힘차게 걷는 것이다. 밖으로 나가 신선한 공기를 마시고, 머리를 비워서 초점을 재설정하는 일은 멋진 하루를 시작하는 방법이다.

존 리 듀마스 앙트레프레뉴어온파이어 창립자 겸 진행자

힘차게 아침을 맞는 방법은 30분 동안 하는 가벼운 운동과 스트레칭, 명상을 비롯하여 일어난 후 120분 동안 하는 모든 일을 의식으로 만드는 것이다.

제프 무어 서즈데이나이트보드룸 창립자

생산성을 높이는 최고의 비결은 일찍 일어나는 것이다. 하루를 일찍 시작하면 성찰과 준비를 위한 시간이 생긴다. 나는 대개 6시 30분까지 출근한다.

크리스 마이어즈 보드트리 공동 창립자

시간 관리를 단순화하고 탁월한 생산성을 올리기 위한 나의 첫 번째 비결은 성공을 위한 '미라클 모닝'으로 하루를 시작하는 것이다. 이 간단한 일과는 자기 계발을 위한 효과적이고 검증된 6가지 관행으로 구성되며, 기억하기 쉽게 '인생의 구원자'로 불린다. 기적의 아침의 전제는 자기 계발에 시간을 할애한다는 원칙을 갖고 매일 아침 일어난다는 것이다. 그래야 상상할 수 있는 가장 특별한 삶을 만들고, 지금 가능하다고 생각하는 것보다 더 빨리 그렇게 하는 데 필요한 사람이 될 수 있다. 대다수 사람은 더 많이 이루기 위해 더 많이 '하는 데' 집중하지만 기적의 아침은 덜 하면서도 더 이루도록 더 많이 '되는 데' 집중하는 내용을 다룬다.

할 엘로드 《미라클 모닝》 저자

하루관리 법칙
#14

아침에 일찍 일어나면
성찰과 하루를 준비할 수 있는
시간이 생긴다.

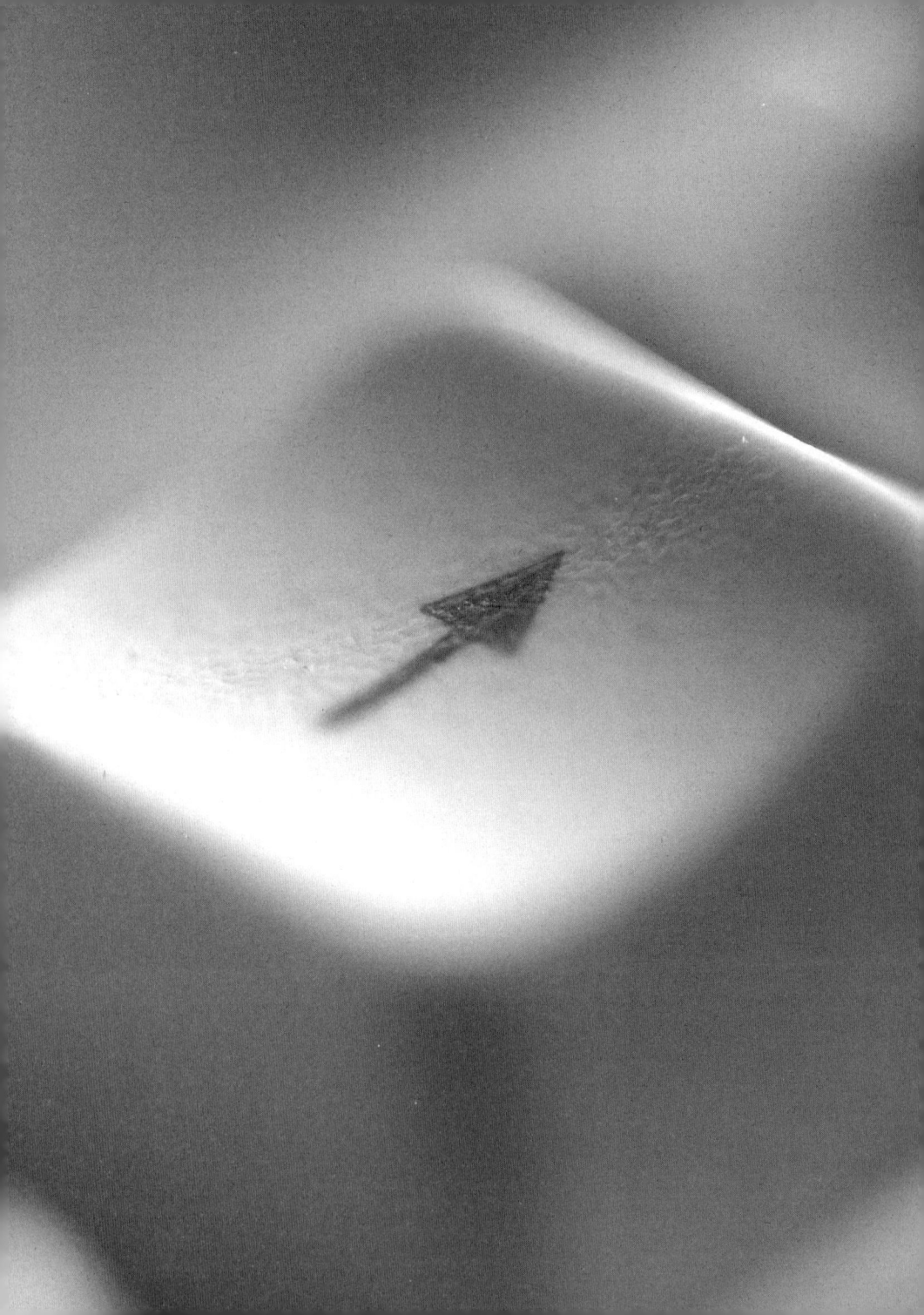

활력이
답이다

15

한 번에 두 가지 일을 하는 것은 아무것도 하지 않는 것과 같다.
푸블릴리우스 시루스

어떤 일을 할지 너무 오래 생각하면 종종 실패로 끝난다.
에바 영

시간을 관리할 수 있기 전에는 어떤 것도 관리할 수 없다.
피터 드러커

자신의 가치를 알기 전에는 시간의 가치를 알 수 없고,
시간의 가치를 알기 전에는 어떤 일도 할 수 없다.
스코트 펙

중대한 일에 적은 시간을 들이면 안 되는 만큼
사소한 일에 많은 시간을 들이면 안 된다.
짐 론

언제든 할 수 있는 일은 바로 할 수 있다.
스코틀랜드 속담

나는 설득에 나설 때 나 자신 그리고 내가 할 말을 생각하는 데
3분의 1, 상대방 그리고 상대방이 할 말을 생각하는 데
3분의 2의 시간을 들인다.
에이브러햄 링컨

활력은 더 얻을 수 있다

시간 관리를 위한 궁극적인 비결이 시간과 전혀 관련이 없다면 어떨까? 시간을 '관리'할 수는 없다. 어떤 수를 쓰든 내일도 오늘처럼 24시간밖에 주어지지 않는다. '시간 관리'를 말할 때 사람들의 진정한 바람은 스트레스를 덜 받고 더 많은 일을 하는 것이다. 그 이면의 진정한 비결은 활력을 극대화하는 것이다. 내가 이것을 끝까지 아껴둔 이유는 앞에서 제시하면 여러분이 읽거나 신경 쓰지 않을 것이라고 생각했기 때문이다. 그러나 이 비결은 무엇보다 중요하다.

잠자는 시간을 줄이지 마라

책을 볼 때 같은 문단을 계속 읽는데도 내용이 머리에 들어오지 않는 때가 있는가? 중요한 보고서를 작성하는데 계속 멍한 상태로 아무것도 하지 못하고 많은 시간을 낭비한 적이 있는가? 점심을 먹고 졸린다면 그럴 때 얼마나 생산성을 올릴 수 있는가? 업무 중 책상에서 잠든 적이 있는가? 회의 도중 잠든 적이 있는가? 아이디어 회의에 참석했으나 좋은 생각이 전혀 나지 않은 적이 있는가? 이 중 많은 경우에 해당된다면 우리의 신체·정신적 활력이 때에 따라 달라지며, 생산성에 큰 영향을 미친다는 사실을 이해할 것이다.

해마다 레드불이 40억 캔 넘게 팔린다는 사실을 아는가? 5시간 동안 활력을 충전시켜주는 이 음료를 만드는 회사는 연간 6억 달러가 넘는 매출을 올린다고 한다. 주위를 둘러보면 모두가 피곤함을 느끼며 신속한 회복 수단을 찾는다. 에너지 음료는 단기적으로 정신을 깨워주지만 너무나 많은 사람이 당연하게 여기는 고질적인 두뇌 피로를 해소하지는 못한다.

> 잠자는 시간을 줄이지 말라. 어차피 그만큼 손해를 보게 된다.
> 그래서 최고의 실력을 발휘하지도 못하고 몸만 상하기 쉽다.
> **윌 딘** 캐나다 조정 국가대표

생산성을 6배로 올리는 비결

나는 글 쓰는 사람이다. 그런데 글 쓰는 속도가 느리다. 작가로서는 문제가 아닐 수 없다. 약 1년 전에 생산성을 측정해보니 시간당 평균 500자를 썼다. 대다수 전문 작가들은 적어도 내 두 배를 쓴다.

다음 책(바로 이 책)을 쓸 때 진도를 더 빨리 나가기 위해 내가 자연스럽게 고려한 해결책은 글 쓰는 시간을 관리하는 것이었다. 글로 옮겨야 하는 모든 소재의 목록을 만들고, 우선순위를 정한 다음, 매일 일정한 시간 동안 집필할 수 있었다. 집중을 방해하는 요소를 최소화했고, 더 자주 요청을 거절했다. 또한 매달, 매주, 매일 더 많은 시간을 '찾으려' 애썼다. 심지어 이 책에서 일부 자료를 조사하는 작업을 다른 사람에게 맡기기도 했다.

이 모든 방법은 어느 정도 도움이 됐다. 결정적으로 나는 아침 8시 무렵부터 글이 잘 써진다는 사실을 발견했다. 아침 8시는 아이들이 모두 등교하고, 상쾌한 기분으로 커피가 효과를 발휘하는 시간이었다. 확인 결과 아침에는 평균 750자에서 1,000자를 쓸 수 있었다. 반면 약간 피곤해지고 밤에 할 일을 생각하기 시작하는 오후에는 시간당 약 250자밖에 쓰지 못했다. 하루 평균을 내면 500자지만 기분에 따라 60분 동안 발휘하는 생산성이 확연하게 달랐던 것이다.

> 언제 중요한 일을 하기에 최선의 상태가 되는지(글쓰기의 경우 아침), 언제 느슨해지는지(회의나 팟캐스트 방송 후), 언제 생각 없이 일하기 좋은지(오후) 알아야 한다. 중요한 점은 최대한 많은 일을 하는 것이 아니다. 역량과 직업적 필요를 이상적으로 짝지어서 적절한 시간에 필요한 일을 하는 것이 중요하다.
> **자니 트루언트** 셀프퍼블리싱 팟캐스트의 공동 진행자

더 빨리 생산성을 늘리는 방법

《더 빨리, 더 잘 쓰는 법 Write Better Faster》의 저자인 모니카 리오넬 Monica Leonelle 은 작업량을 시간당 600자에서 3,500자까지 늘린 과정을 다음과 같이 들려준다.

- 25분 작업, 5분 휴식 주기를 반복하자 생산성이 50% 늘어났다. 그녀는 이처럼 짧은 재충전 시간을 갖는 방식을 통해 종일 더 긴 작업 흐름을 이어갈 수 있었다.
- 손목과 손가락 통증 때문에 새로운 도구가 필요했다. 그래서 키보드 대신 전문적인 구술 앱 Express Dictate을 사용하자 생산성이 추가로 33% 늘어났다.
- 키보드를 버린 이후 밖으로 나가 걸으면서 작업을 하자 생산성이 추가로 25% 늘어났다.

작업 시간을 늘릴 수 없었던 리오넬은 활력을 늘리는 방법을 찾아냈다. 그 결과 6배나 많은 작업 시간을 '찾아내기라도' 한 것처럼 생산성이 늘어났다.

자신을 위한 시간이나 휴식을 취할 시간 또는 집중력을 회복할 시간을 갖는 것이 중요하다.

케이티 울랜더 미국 스켈레톤 국가대표

매일 1~2분 정도 심박수를 높이는 운동을 해라. 짧은 운동도 활력을 크게 높이며, 두뇌에 산소를 공급한다.

아벨 제임스 베스트셀러 저자

생산성을 높이려고 잠을 줄이지 말라. 젊은 사업가들 대부분 회사를 키울 때 잠을 적게 자도 된다고 생각한다. 그러나 수면 부족(그리고 더 중요하게는 적절한 휴식을 통한 두뇌 재설정 부족)은 경쟁력과 판단력을 저해한다.

마크 시슨 《근원적 청사진》 저자

당신의 몸을 새롭게 하는 휴식

에너지 프로젝트The Energy Project를 창립한 토니 슈와르츠Tony Schwartz는 우리가 원래 기운을 활용하고 재생하는 주기를 오가도록 돼 있다고 말한다. 그가 연구한 바에 따르면 우리는 90분 주기로 완전히 집중하여 기운을 쓰는 상태에서 피로한 상태로 나아간다. 이때 몸은 휴식을 취하여 재충전하라는 신호를 보낸다. 그러나 우리는 이 신호를 무시하고 커피나 에너지 음료 또는 당분으로 버티거나 기운이 고갈될 때까지 써버린다.

슈와르츠는 90분마다 물을 마시거나, 산책을 하고, 몸에 좋은 간식을 먹으며 의도적으로 짧은 휴식을 취하라고 말한다. 말하자면 '약동과 휴식'을 오가는 것이다. 주기적으로 기운을 쓴다는 생각은 프란체스코 시릴로Francesco Cirillo가 개발한(그리고 앞서 밝힌 대로 리오넬이 활용한) '포모도로Pomodoro 기법'의 바탕을 이룬다. 이 기법은 25분 동안 타이머를 설정하고 완전히 집중하여 한 가지 과제에 매달린 다음 5분 동안 일어나서 조금 걷거나 물을 마시며 쉬는 것이다. 이 주기를 계속 반복하면 된다.

(80%의 시간은 페이스북을 하면서) 오랜 시간에 걸쳐 비생산적으로 일하지 말고 짧은 시간 동안 생산적으로 일하라. 포모도로 기법 같은 방식은 한눈파는 시간을 줄이고 생산성을 높인다.

존 라모스 포르투갈 코임브라 대학 전 과목 만점 우등생

모든 일에 타이머를 활용하라. 기한이 정해져 있으면 생산성이 높아진다.

이언 클리어리 레이저소셜 창립자

나는 모든 일을(싫어하는 일까지) 25분 안에 끝낼 수 있다고 생각한다. 나는 tomato-timer.com (무료 사이트) 접속해서 타이머를 설정한 다음 무엇이든 미루던 일에 뛰어든다.

크리스티 밈스 혁신클럽 창립자

드라우기엠 그룹Draugiem Group은 별도 소프트웨어를 활용하여 전체 직원들의 업무 시간과 생산성을 측정했다. 그 결과 상위 10%의 생산성을 올리는 직원들이 다른 직원들보다 오래 일하지는 않는다는 사실이 밝혀졌다. 오히려 그들은 휴식을 더 많이 취했다. 평균적으로 그들은 52분 동안 일한 다음 17분 동안 충분히 쉬었다.

앞에서 나온 사례를 보면 모두 25분이나 52분 또는 90분 동안 집중적으로 일하고 휴식을 취한다. 중요한 점은 일하는 시간과 쉬는 시간의 특정한 길이가 아니라 자신에게 맞는 최적의 주기를 알아내는 것이다. 우리의 인지 능력은 시간이 지남에 따라 약해진다. 그래서 잦은 휴식을 통해 활력을 재충전하고 생산성을 유지해야 한다.

나를 지탱하는 것은 매일 점심시간에 하는 운동이다. 대개 나는 오후 1시까지 이미 7시간 정도 일을 한다. 그래서 오후에도 집중력과 활력을 유지하려면 재충전과 휴식이 필요하다.

모함메드 듀지 미티엘그룹 대표

매일 격렬한 운동을 하라. 몸이 건강할수록 머리가 맑아져서 더 나은 결정을 내리며, 더 많은 성공을 이룰 수 있다.

J. T. 오도넬 커리얼리즘 대표

지금까지 숱한 '전략'들을 시도했지만 실제 효과를 본 것은 단 하나였다. 나의 철학은 무조건 생산성만 추구하지는 말아야 한다는 것이다. 나는 추상적인 생산성을 극대화하기보다 삶을 진전시키는 데 관심이 있다. 아침에 가장 먼저 하는 일은 운동이다. 운동하는 동안 그날 해야 하는 가장 중요한 두 가지 일을 정해서 카드에 기록한다. 그날 해야 하는 다른 일들도 기록한다. 다만 카드는 한 장만 쓴다. 정리하자면 ① 활력을 충전하고(운동), ② 과제를 파악한다. 그러면 적극적인 자세로 하루를 맞을 수 있다. 적극적으로 일할 때 최고의 생산성을 발휘할 수 있다.

카일 에센로더 스타트업브로스닷컴 창립자

삶의 에너지를 만드는 법

전반적인 활력 수준을 높이는 최고의 방법은 건강을 돌보는 것이다. 다들 아는 사실이지만 특히 다음 사항들이 중요하다.

- 충분한 수면 취하기
- 음주 줄이기
- 특히 늦은 시간에 카페인 섭취 자제하기
- 가공식품을 줄이고 완전식품 섭취하기
- 적정 체중 유지하기
- 물 많이 마시기
- 매일 운동하기(20분 걷기로도 충분!)

과제 목록이 늘어나도 더 빨리 결과를 얻는 법

기업 경영을 할 때면 항상 수많은 요구에 시달리고 그 강도는 갈수록 세진다. 과제 목록은 점점 늘어나고 고객들은 갈수록 더 빨리 결과를 원한다. 그래서 매분까지 시간을 관리하지 않을 수 없다. 그렇게 하지 않으면 사업이 망하기 때문이다. 생산성을 극대화하고 싶다면 다음 조언을 참고하라.

1. 내가 줄 수 있는 최고의 조언은 그 자리에서 바로 끝내라는 것이다. 5분 안에 끝낼 수 있는 일은 바로 처리하라. 파일을 요청하는 이메일이나 팀원에게 간단한 업무를 맡기는 일 등이 여기에 포함된다. 우리에게 가장 많은 스트레스를 안기는 것은 업무와 이메일의 양이다. 그 자리에서 바로 처리하면 나중에 신경 쓸 일이 없다.

2. 과제 목록을 토대로 일하라. 크든 작든 모든 일을 기록해라. 시간별로 과제를 나누고 중요한 일을 아침에 먼저 해서 추진력을 얻고, 스트레스를 줄이며, 기한을 맞추라. 오늘 끝내지 못한 일은 내일의 과제로 넘겨야 한다. 그러면 같은 과제를 매일 쓰는 일이 짜증나서라도 끝내게 된다.

3. 일과를 끝내는 절차를 만들라. 나의 경우 책상을 깨끗이 청소하고 정리한 다음 가족과 충실한 시간을 보낼 수 있도록 머릿속에 있는 모든 과제를 내일의 과제 목록으로 비워낸다. 일과를 끝낼 때 책상을 정리하면 다음 날 아침에 상쾌한 기분으로 하루를 시작할 수 있다.

생산성을 높이지 못하고 일정 관리에 실패하는 한 가지 이유는 자신을 돌보지 않기 때문이다. 대다수 고위 임원과 사업가들은 시간을 들여서 해야 하는 수많은 일 때문에 정신없이 바쁘다고 말한다. 그래서 자신을 위한 시간을 갖는 사람이 드물다. 그러나 성공한 사람들은 그렇게 한다. 그 시작은 자신을 위한 시간을 우선순위에 올리는 것이다. 굳이 명상을 하거나 정해진 아침 일과를 따를 필요는 없다. 요점은 10분 동안 자신이 좋아하는 일을 하거나 앉아서 생각하는 시간을 갖고, 그 시간을 철저하게 지키는 것이다. 이 일은 스스로 하지 않으면 누구도 대신해주지 않는다.

펠리시아 스파 커리어 코치

하루관리 법칙
#15

생산성의 핵심은
시간이 아니라
활력과 집중력에 있다.

일과 인생에서 활력을 찾는 방법을 생각해보자.

깨어 있으라.
목적을 갖고 살라.
명심하라. 하루는 1,440분뿐이다.
피터 터니

행동하게 만드는 E-3C 체계

16

최고의 시간이든 최악의 시간이든 우리에게 주어진 유일한 시간이다.
아트 버치월드

일을 미루는 사이에 인생은 빠르게 지나간다.
세네카

일은 주어진 시간만큼 늘어난다.
시릴 파킨슨

과거는 바꿀 수 없지만 미래를 너무 걱정하느라 현재를 망칠 수는 있다.
미상

영원에 손상을 가하지 않고 시간을 죽일 수는 없다.
헨리 데이비드 소로

당신은 미룰 수 있지만 시간은 미루지 않는다.
벤저민 프랭클린

봄에 씨앗을 뿌리거나 가을에 구걸을 하거나, 둘 중 하나는 잘해야 한다.
짐 론

어떤 일이든 할 시간을 찾을 수는 없다. 시간을 원하면 만들어야 한다.
찰스 벅스턴

작은 일들을 하는 동안 큰 일을 생각해야 한다.
그래야 작은 일들이 올바른 방향으로 나아간다.
앨빈 토플러

모두에게 통하는 하나의 체계는 없다. 가장 중요한 점은 크게 성공한 사람들의 습관이 무엇인지 알고 당신에게 맞도록 받아들이는 것이다. 당신이 즉각 행동을 취할 수 있도록 내가 조사한 모든 내용을 E-3C라는 간단한 체계로 통합했다. E는 활력^{Energy}, 3C는 기록^{Capture}, 달력^{Calender}, 집중^{Concentrate}을 뜻한다.

생산성을 높이는 활력

E-3C 체계에서 가장 중요한 첫 단계는 활력이다. 시간을 더 만들 수는 없지만 생산성은 높일 수 있다. 성공한 사람들이 활력과 집중력을 높이기 위해 같은 시간에 10배의 생산성을 발휘하는 중요한 비결은 다음과 같다.

> 충분히 잠을 잔다.
> 활력을 주는 음식을 먹고 꾸준히 운동한다.
> 명상, 일기 쓰기, 물 마시기, 종일 활력과 맑은 정신을 유지시켜주는 요가 등 아침 일과를 따른다.
> 하루 종일 일정한 집중과 휴식을 통해 최고의 업무 능력을 유지한다.

현실적인 작은 목표를 세우라. 나는 이 목표를 '일일 쿼터'라고 부른다. 일일 쿼터는 사소하게 보이지만 매일 반복하면 큰 과제를 완수할 수 있는 작은 목표다. 가령 하루에 외국어 단어를 20개씩 외우면 5달 후에 3,000개의 단어를 알게 된다. 그러면 거의 유창하게 말할 수 있다. 마찬가지로 하루에 수학 문제를 10개씩 풀면 한 달 후에 300개의 문제를 풀게 된다. 이 방식이 통하는 이유는 짧은 시간을 투자해서 조금씩 쌓아나가기 때문이다. 비생산적으로 오래 일하지 말고 생산적으로 짧게 일하라.

존 라모스 포르투갈 코임브라 의대 재학생

나는 여러 가지 활동을 하는 A형 성격이기 때문에 목록을 통해 시간을 관리한다. 그래서 일과가 끝나면 다음 날을 위한 목록을 다시 만들어서 과제의 우선순위를 정하고 일과를 시작할 때 모든 위임 작업을 끝내도록 만든다. 이렇게 계획이 정해지면 편한 마음으로 잠자리에 들 수 있다. 시급하지 않거나 필요치 않은 몇 가지 과제를 일부러 목록에 추가하기도 한다. 일찍 해두면 나중에 예기치 못한 상황이 발생했을 때 대처할 수 있기 때문이다. 현실적으로 일과가 끝날 무렵이 되면 목록은 3배로 늘어날 가능성이 높다. 이처럼 늘어나는 목록에서 항목들을 지워나가는 데 따른 성취감과 만족감은 종일 활력을 안겨준다.

줄리 부샤 니콜푸즈 대표

아무 일도 하지 않는 편보다 어떤 일이라도 하는 편이 낫다. 무엇을 먼저 해야 할지 모르겠다면 아무 일이나 골라서 일단 시작하라. 한 과제를 하다가 지치면 마무리하거나 다른 과제로 넘어가라. 싫어하는 과제를 할지 말지 고민하느라 많은 시간이 낭비된다.

안젤라 핸슨 로즈 헐먼 공과 대학 우등생

벽에 부딪힌 기분이 들고 일을 시작하고 싶지 않을 때는 휴대폰 타이머로 30분을 설정하고 그 시간 동안만 일하자고 마음먹는다. 그러면 시간이 다 됐을 때 대개 일을 끝낼 수 있다. 이렇게 30분만 집중하면 얼마나 많은 일을 할 수 있는지 알고 놀랄 때가 많다.

소피아 베라 젠와이플래닝 설립자

기록하는 습관

E-3C 체계의 첫 C는 기록을 뜻한다. 그냥 기억하려 하지 말고 모든 것을 노트에 '기록'하라. 해야 할 일, 걸어야 할 전화, 사야 할 물건을 모두 기억하려 들면 인지 부하와 스트레스가 늘어나고 더 나쁘게는 일을 완수하지 못하게 된다. 성공한 사람들은 항상 메모장을 갖고 다니며 기억하고 싶은 모든 것을 기록한다. 할 일에 더하여 통화나 회의 내용, 새로운 아이디어, 교훈, 마음에 드는 경구 그리고 나중에 참고할 다른 일들도 기록한다.

노트를 외부의 뇌라고 생각하라. 노트에 더 많이 기록할수록 뇌가 자유로워진다! 나는 (몰스킨 류의) 종이 노트가 가장 좋다고 생각한다. 필요하다면 기록한 내용을 에버노트로 옮길 수 있다. 조수나 비서에게 시킬 수 있다면 더 좋다. 기록하는 습관을 들이면 중요한 일을 잊지 않고, 책임 소재를 가릴 수 있고, 지난 기록에서 교훈을 얻을 수 있기 때문에 효율성을 높일 수 있다. '할 일'을 기록하고 있다면 가능한 한 빨리 다음 요소를 활용해야 한다.

스케줄러로 사용하는 달력

E-3C 체계의 두 번째 'C'는 일정을 기록하는 달력인 스케줄러를 뜻한다. 이 단계에서 전제할 조건은 과제 목록을 활용하지 않는 것이다. 어떤 일을 하고 싶으면 바로 스케줄러에 일정으로 적어라. 성공한 사람들은 분명한 가치관에 따라 우선순위와 최우선 과제[MIT]를 정한다. MIT는 스케줄러에 별도 시간을 할당해야 한다. 중요하게 여기는 다른 활동을 할 시간도 스케줄러에 일정한 주기로 반영해야 한다.

성공한 사람들은 그날의 주제를 정한다. 월요일은 일대일 회의나 주간 팀 회의를 하는 날로 정할 수 있다. 화요일은 '회의 없는 날' 내지 '오후 집중 근무의 날'로 정할 수 있다. 일요일은 식료품을 사고, 빨래를 하고, 일주일 동안 먹을 몸에 좋은 음식을 준비하는 날로 정할 수 있다.

성공한 사람들은 시간보다 중요한 것은 없다는 사실을 알기에 스케줄러에 적은 일정을 지킨다. 또한 우선순위와 맞지 않는 모든 요청을 거절하고 특히 '멀리 있는 코끼리'를 조심한다. 또한 제거하거나, 위임하거나, 재설계할 수 없는 일만 직접 한다. 그리고 80%의 가치를 창출하는 20%의 일에 시간을 투자하고 나머지는 하지 않는다.

한 번에 한 가지 일에 집중하기

E-3C 체계의 세 번째 'C'는 집중을 뜻한다. 크게 성공한 사람들은 스케줄러에 적은 일정에 따라 적극적으로 일한다. 그들은 이메일이나 소셜미디어 메시지 또는 '잠깐 시간을 내어달라'는 요청에 반응하지 않는다. 크게 성공한 사람들은 다중 작업을 하지 않는다. 한 번에 하나의 일에 집중한다.

성공한 사람들은 대개 아침에 활력이 최고조에 이르렀을 때 MIT와 다른 우선순위에 집중한다. 성공한 사람들은 주기적인 집중과 휴식을 통해 종일 집중력과 생산성을 유지한다. 일반적인 주기는 30분에서 60분으로 그 사이 5분 동안 쉬는 것이다.

언제나 지금이 적기다

나는 미술품을 수집하지 않는다. 그러나 피터 터니$^{Peter\ Tunney}$의 그림을 우연히 봤을 때 값이 얼마든 사지 않을 수 없었다. 거기에 적힌 간단한 메시지는 '언제나 지금이 적기'라는 것이었다.

깨어 있으라.
목적을 갖고 살라.
명심하라. 하루는 1,440분뿐이다.

시간을 아끼기 위한 비결

1. 항상 한 끼 분량보다 많이 조리하라. 요리를 하려면 계획하고, 재료를 사야 하며, 준비하고, 만들며, 설거지하는 과정에서 낭비되는 시간이 많다. 나는 요리를 좋아해서 자주 저녁을 해먹는다. 그러면 한 번에 두세 끼 분량을 만든다. 개인적으로 몸에 좋은 음식이라면 며칠 연속으로 먹어도 괜찮기 때문이다. 나는 대개 먹는 즐거움이 아니라 건강을 위해 먹는다.

2. 휴대폰 카메라를 활용하여 기억할 일을 줄이라. 나는 기억력이 형편없다. 그래서 휴대폰 카메라를 활용하여 기억할 일을 줄이는 방법을 배웠다. 가령 호텔방 번호, 주차 위치, 친구가 보여준 책 표지, 좋은 글로 가득한 화이트보드, 주차권을 찍어둔다. 이 방법은 스트레스를 줄여주고 호텔이나 주차장을 찾아 헤매는 시간을 아껴준다.

3. 휴대폰을 무음 상태로 설정하고 모든 알림 기능을 끄라. 방해요소 없이 일하기 위한 환경을 만들기 위한 것이다. 컴퓨터나 휴대폰 또는 다른 기기가 알림 기능으로 당신에게 '고함' 치도록 방치하는 것은 완전히 정신 나간 짓이다. 나는 아이들이 밤에 외출하여 비상시 바로 응답해야 하지 않는 한 휴대폰을 항상 무음 상태로 설정한다. 누군가

트위터, 페이스북, 이메일로 접촉할 때마다 알아야 할 필요는 없다.

4. 아예 TV를 보지 말라. 데이비드 미어먼 스코트^{David Meerman Scott}는 마케팅과 영업 전략가, 강연가로 활동하며 10권의 책을 쓴 저술가다. 그는 인터뷰에서 이렇게 말했다. AGB닐슨미디어리서치에 따르면 미국인들은 매달 TV 시청에 평균 158시간을 쓴다. 연간으로 치면 1,896시간이다. 그 시간이면 멋진 책을 쓰거나 사업을 시작할 수도 있다. 복근을 원하는가? TV를 보지 말고 운동하라. TV를 없애면 연간 거의 2,000시간이 생긴다. 그 시간에 얼마나 많은 일을 할 수 있을지 상상해보라!

5. 차 안에서 보내는 시간을 현명하게 사용하라. 1년에 얼마나 많은 시간을 차 안에서 보내는지 생각해보라. 출퇴근 시간, 고객을 찾아가는 시간, 부모님 댁까지 가는 장거리 여행, 회사까지 30분밖에 걸리지 않는다고 해도 1년으로 따지면 200시간, 거의 10일에 해당하는 시간을 차 안에서 보내게 된다. 그런데도 사람들은 대개 그 시간을 어쩔 수 없이 버리는 시간으로 여기고 바깥세상과 차단된 상태로 좋아하는 음악이나 듣는다. 그러지 말고 일과 관계된 사람이든, 가족이나 친구든 전화를 걸거나, 뉴스 팟캐스트 또는 외국어나 기타 학습 프로그램을 들어라.

6. 미리 약속하지 않았다면 전화를 걸지 말라(물론 업무 전화에 한해서). 아무런 약속 없이 전화를 걸었다가 자동 응답 메시지를 들은 적이 얼마나 되는가? 당신은 가령 "영업 회의가 어떻게 진행됐는지 알고 싶어서 전화했어요. 나중에 다시 전화할게요."라고 말하고 전화를 끊는다. 얼마 후 상대가 당신에게 전화를 걸지만 당신이 너무 바빠서 자동 응답 메시지로 넘긴다. 상대는 "전화하셨죠? 나중에 다시 걸게요"라고 말한다. 이런 식으로 자동 응답 메시지만 오가는 일이 많다. 그러지 말고 '영업 회의 내용을 전화로 듣고 싶어요. 내일 11시 괜찮아요? 아니면 다른 시간을 알려주세요.' 라고 미리 이메일을 보내라. 이 경우에도 일정을 맞추려고 이메일이 쓸데없이 오가지 않도록 시간을 물어본 점에 주목하라.

7. 사람들이 몰리는 시간을 무조건 피하라. 이 비결은 일주일에 몇 십분, 1년에 몇 시간을 아껴준다. 방법은 간단하다. 해야 할 일을 하는 시간을 바꾸기만 하면 된다. 식료품을 구매할 때는 토요일 아침에 하지 말고 금요일 밤이나 일요일 아침에 해라. 고객을 찾아갈 때는 출퇴근 시간을 피하라. 점심시간에 은행에 가지 말라.

8. 듀얼 모니터를 쓰라. 모니터를 하나 더 설치하는 것은 컴퓨터 작업을 할 때 효율성을 극대화하는 쉬운 방법이다. 듀얼 모니터를 쓰면

두 개의 창을 오가지 않아도 된다. 나는 컴퓨터 두 대에 세 개의 모니터를 쓴다. 그러나 컴퓨터 한 대에 두 개의 모니터만 있어도 워드프로그램을 쓰는 동시에 인터넷으로 조사한 내용을 검토하거나, 코드 미리보기와 디버깅을 각각 다른 모니터로 하거나, 한 모니터로 이메일이나 일정을 확인하고 다른 모니터로 생산적인 작업을 할 수 있다.

9. 중단 목록을 만들라. 뛰어난 비즈니스 사상가 짐 콜린스 Jim Collins는 할 일의 목록을 만드는 일만큼 또는 그보다 더 중단할 일의 목록을 만드는 것이 중요하다고 종종 말했다. 그는 한 매체에 기고한 칼럼에서 뛰어난 기업들이 중단 목록을 활용하고 있으며, 자신도 새해의 다짐을 하는 시간에 중단 목록을 만든다고 밝혔다. 단순성과 최소화는 머리를 가볍게 만들고, 일과를 여유롭게 만들며, 뛰어난 일을 할 수 있도록 해준다.

10. 사람들에게 '주어진 시간'을 상기시키라. 한때 대기업 사장 밑에서 주요 직책을 맡은 적이 있었다. 그러나 얼마 가지 않아 허우적거리기 시작했다. 그래서 사장 비서가 나를 따라다니며 도와주겠다고 나섰다. 2주가 지난 후 그녀는 "정해진 시간을 반드시 지켜야 해요. 사람들이 그 시간보다 오래 당신을 붙잡아두도록 놔두지 마세요"

라고 말했다. 훌륭한 조언이었다. 그 이후로 나는 회의를 하기 전에 반드시 "먼저 정해진 시간이 30분이라는 사실을 알려드립니다. 30분 후에는 무조건 끝내야 합니다"라고 밝혔다. 그래서 편하고 여유롭게 흘러가는 대로 하는 회의가 아니라는 사실을 미리 알릴 수 있었다. 10분이나 15분 안에 통화를 끝내야 하는 경우 이 방법이 특히 중요하다.

11. 생산적인 사람들과 어울려라. 이 비결은 유치해보이지만 대단히 강력한 힘을 발휘한다. 회사에서 가까이 지내는 사람들이 매일 90분씩 점심을 먹는다면 당신도 그렇게 될 가능성이 높다. 또한 그들이 이른 저녁에 술을 마시고 전날 방송된 리얼리티 프로그램에 대한 대화를 즐긴다면 당신도 그렇게 될 가능성이 높다. 회사에서 어울리는 사람들과 친구들을 바꾸는 것을 고려하라. 생산적인 사람들을 주위에서 찾을 수 없다면 온라인으로 사귀는 게 낫다. 나는 사업가, 저술가, 조깅 애호가들이 모인 페이스북 그룹에 참여하고 있다. 이는 서로에게 동기를 부여하고 생산성을 높이는 비결을 공유하며, 성공의 길로 이끄는 사람들과 어울리는 좋은 방법이다.

12. 주위 사람들에게 방해하지 말라고 양해를 구하라. 〈월스트리트 저널〉 기사에 따르면 일하는 데 가장 방해가 되는 요소는 이메일이나

메신저가 아니라 사람이다. 집에서 일한다면 가족에게 일하는 중이니 방해해서는 안 된다고 분명하게 알리라. 사무실에서 일한다면 '방해하지 마시오'나 '○시에 오세요'라고 적힌 알림판을 내걸거나 자리 입구에 노란색 테이프를 치는 방법을 고려해보라. 당신이 상사라면 사무실 전체에 두어 시간 정도 서로를 방해하지 않는 시간을 두는 방안을 고려해보라.

13. 비즈니스 코치나 멘토를 두거나 성공 모임에 가입하라. 이는 시간 관리와 관계없는 조언처럼 들리지만 당신이 걸어갈 길을 벌써 지나온 사람과 관계를 맺으면 시간을 많이 아낄 수 있다.

14. 완벽하지 않더라도 끝내는 것이 좋다는 사실을 명심하라. 소프트웨어 개발자들은 종종 "완벽하지 않아도 내보내는 것이 좋다"고 말한다. 버전 1.0에 있는 버그는 1.1, 1.2등으로 이어지는 후속 버전을 통해 바로잡으면 된다. 작가도 책을 쓸 때 계속 원고를 붙잡고 있기 쉽다. 새로운 소재나 아이디어, 더 나은 문장이 계속 떠오르기 때문이다. 그러나 완벽하지 않더라도 일단 출판하는 것이 아예 출판하지 않는 것보다 훨씬 낫다.

|옮긴이| **김태훈**

중앙대학교 문예창작과를 졸업하고 현재 번역 에이전시 하니브릿지에서 전문 번역가로 활동하고 있다. 옮긴 책으로는 『어떻게 원하는 것을 얻는가』 『그 개는 무엇을 보았나』 『스티브 잡스 프레젠테이션의 비밀』 『달러제국의 몰락』 『야성적 충동』 『욕망의 경제학』 『프리덤 라이터스 다이어리』 등이 있다.

계속하게 만드는 하루관리 습관

1판 1쇄 펴냄	2017년 1월 2일
2판 1쇄 펴냄	2022년 10월 28일

지은이	케빈 크루즈
옮긴이	김태훈
펴낸이	조윤규
편집	민기범
디자인	홍민지

펴낸곳	(주)프롬북스
등록	제313-2007-000021호
주소	(07788) 서울특별시 강서구 마곡중앙로 161-17 보타닉파크타워1 612호
전화	영업부 02-3661-7283 / 기획편집부 02-3661-7284	팩스 02-3661-7285
이메일	frombooks7@naver.com

ISBN   978-89-93734-95-9 13320

- 잘못 만들어진 책은 구입하신 서점에서 바꿔드립니다.
- 이 책에 실린 모든 내용은 저작권법에 따라 보호를 받는 저작물이므로 무단 전재와 무단 복제를 금합니다. 이 책 내용의 전부 또는 일부를 사용하려면 반드시 출판사의 동의를 받아야 합니다.
- 원고 투고를 기다립니다. 집필하신 원고를 책으로 만들고 싶은 분은 frombooks7@naver.com로 원고 일부 또는 전체, 간략한 설명, 연락처 등을 보내주십시오.